# Inhaltsverzeichnis

## Grundlagen des buddhistischen Zeitmanagements · 59

## Geistestraining und Meditation · 78

## Ganz entspannt im Hier und Jetzt · 104

## Ergänzende Strategien · 119

# Der Buddha hatte Zeit

# Immer noch dieselben Probleme

Man hetzt durchs Leben, eilt von Termin zu Termin. An allen Ecken und Enden fehlt einem die nötige Zeit. Trotzdem bleibt immer irgendetwas ungetan liegen. Wäre es da nicht wunderbar, endlich einmal genügend Zeit zu haben für alles, was man gerne tun möchte?

Aber wie könnte dieser Wunsch bloß Wirklichkeit werden? Selbst im Urlaub leidet man oft unter Stress und Zeitnot. Es gibt einfach so viel zu sehen und zu erleben. Schließlich möchte man nichts versäumen.

Sollte man es einmal mit Zeitmanagement versuchen? To-do-Listen aufstellen, Prioritäten setzen und einen Zeitplaner kaufen? Leider führen viele bereits Listen (für das Jahr, den Monat, die Woche, den Tag und noch ein paar mehr). Sie haben auch Prioritäten – eine ganze Menge sogar – und einen oder zwei Terminkalender, dazu zahllose Uhren und Wecker. Das Einzige, was ihnen fehlt, ist Zeit.

Wie wäre es, stattdessen die Zeitprobleme an der Wurzel zu packen? Ist der Buddha womöglich das geeignete Rollenmodell? War er nicht ein Mensch, der alle Zeit der Welt hatte und behauptete, einen Weg zu kennen, mit dem die Menschen alle ihre Leiden überwinden könnten? Wenn dies zutrifft, müsste es doch auch möglich sein, alltägliche Probleme wie Stress und Zeitmangel zu lösen. Aber was hat der Buddha eigentlich gelehrt? Und wie kann man es in diesem Fall anwenden?

Die Antworten auf diese Fragen finden Sie in diesem Buch. Sie lernen,

- wie Sie Ihr Ziel, ohne Hektik und Zeitnot zu leben, für sich persönlich definieren,
- wie Sie sich motivieren, dieses Ziel auch wirklich in die Tat umzusetzen, und vor allem,
- mit welchen Strategien Sie es schaffen, sich von Ihren Zeitproblemen für immer zu befreien.

Der Weg, die ständige Zeitnot zu überwinden, ist im Grunde genommen einfach. Wenn Sie ihn gehen, erreichen Sie mehr, als »nur« Zeit zu gewinnen. »Der Buddha hatte Zeit« ist zugleich eine Anleitung für ein erfülltes, glückliches Leben; denn was hätte man von viel freier Zeit, wenn einem dann »die Decke auf den Kopf fallen« würde?

Die Strategien, die Sie in den folgenden Kapiteln finden, beruhen auf den Grundlehren des Buddha und der immer mehr an Einfluss gewinnenden Kognitiven Verhaltenstherapie.

Die Lehre des Buddha hat Generationen von Menschen seit über 2500 Jahren in allen Lebenslagen geholfen. Aber auch die Kognitive Verhaltenstherapie – wenn auch erst vor 50 Jahren entwickelt – hat bereits Tausenden von Menschen ermöglicht, ein stressfreieres Leben zu führen. Dieses moderne therapeutische Verfahren hat ebenfalls sehr alte Wurzeln. Es basiert auf den Erkenntnissen der Stoiker, die heute das Sinnbild für unerschütterbare, gelassene Menschen geworden sind. Mithilfe dieser beiden Methoden wird es Ihnen gelingen, sich von Zeitnot und Hektik zu befreien.

Ist es nicht erstaunlich, dass Menschen immer noch dieselben Probleme haben wie vor Tausenden von Jahren? Zwar hat sich das Erscheinungsbild der Nöte verändert, aber die Grundtatsachen der menschlichen Existenz sind dieselben geblieben. Jeder Mensch muss sich immer aufs Neue mit ihnen auseinandersetzen. Auch im 21. Jahrhundert ist das Leben nicht perfekt.

So haben sich z. B. die Namen der Krankheiten, vor denen wir uns fürchten, geändert. Sie heißen nicht mehr Pest oder Cholera, sondern AIDS und Alzheimer. Aber die Tatsache, dass es Krankheiten gibt, besteht nach wie vor.

Auch an der Tatsache, dass Menschen sich große Sorgen machen, sich oft ärgern und Enttäuschungen erleben, mit anderen streiten oder sogar Krieg führen – wenn auch mit anderen Waffen als vor zweitausend Jahren –, immer wieder die gesetzlichen, moralischen und religiösen Regeln übertreten: An all diesen Dingen hat sich seit Jahrtausenden nichts geändert.

Trifft dies auch auf Zeitnot zu? Haben Menschen auch zu Zeiten des Buddha schon unter Hektik und Stress gelitten? Sind dies nicht völlig neue Plagen? Wir neigen dazu, zu glauben, dass Menschen in fernen Zeiten und Ländern im Paradies lebten bzw. noch leben. Je weniger wir über sie wissen, desto wunderbarer stellen wir uns ihre Lebensumstände vor. Wir vermuten voreilig, dass das Leben früher ländlich-idyllisch war: morgens ging die Sonne auf, und die Vögel zwitscherten munter. Die Menschen sammelten ein paar Früchte, aßen sie in Ruhe und Frieden und legten sich dann auf die faule Haut, bis die untergehende Sonne die Welt in ein mildes, goldenes Licht tauchte. Man hatte nichts zu tun, außer dem Wechsel der Jahreszeiten zuzuschauen und sich an der Natur zu erfreuen.

Natürlich gab es solche Momente, aber wir vergessen darüber die raue Wirklichkeit. Die Natur war und ist nicht nur Leben spendend, sondern auch zerstörerisch. Sie schreibt den Menschen weitgehend vor, wie sie zu leben haben, obwohl wir heute meinen, es sei umgekehrt. So konnten z. B. die Bauern in Japan bereits vor Jahrhunderten mehrere Reisernten im Jahr einbringen, aber nur unter der Bedingung, dass sie ihre Felder auf den Tag genau bewirtschafteten. Taten sie es nicht, waren die Folgen für sie existenzieller als für uns heute. Daran kann man sehen, dass auch damals schon »Fristen« eingehalten werden mussten.

Auch vor Jahrhunderten galt es, eilige Botschaften zu übermitteln. Zwar gab es weder Telefon noch Internet, aber so etwas wie reitende Boten oder Rauchzeichen. Die Dringlichkeit der Nachrichten bestand unabhängig von den Mitteln ihrer Übertragung.

Damals wie heute mussten Kinder versorgt und Arbeiten erledigt werden. Die Menschen verfügten nicht über so viele Zeit sparende Maschinen, Transportmittel und Techniken wie wir heute. Sie arbeiteten länger und härter. Ihr Leben war schwer, und so haben sie es auch empfunden, wie wir aus vielen historischen Quellen wissen.

Selbst privilegierte Menschen, die von der Arbeit und vielen anderen Pflichten befreit waren, empfanden ihr Leben nicht immer als angenehm. So wurde der Buddha zwar als Prinzensohn geboren, aber er war bis zu seiner Erleuchtung sehr unglücklich. Ihn betrübte die Vergänglichkeit des Lebens und die Unbeständigkeit des Glücks. Er beobachtete, dass Menschen erkrankten, alterten und starben, und begriff, dass auch er dem nicht entgehen würde. Wo er hinschaute, sah er die Leiden der Menschheit. Er sah mit Sorge, dass seine Lebenszeit Stunde um Stunde ablief. Er konnte sich zwar ablenken, aber die Zerstreuungen, die sich ihm als Privilegierten darboten, stellten ihn in keiner Weise zufrieden. Deshalb suchte er einen Ausweg aus dem allgegenwärtigen Leiden.

## Vier Edle Wahrheiten

Vier Grundsätze fassen den Ausweg zusammen, den der Buddha aus dem menschlichen Leiden gefunden hat. Sie werden von BuddhistInnen voller Verehrung die vier Edlen Wahrheiten genannt.

Die erste, die Wahrheit des Leidens, weist darauf hin, dass alles im Leben unbeständig und unbefriedigend ist. Bereits die Geburt ist mit Schmerzen verbunden. Ohne Ausnahme macht jeder Mensch die Erfahrung des Leidens. Sie durchzieht alle Bereiche seines Lebens. Das Zusammenleben zwischen Eltern und Kindern ist nicht immer ungetrübt. Wer kennt keinen Liebeskummer? Das Berufsleben bringt ebenfalls zahlreiche Enttäuschungen, Probleme und Nervereien mit sich. Die Einschränkungen durch das Altern oder durch Krankheiten stören das Wohlbefinden.

Und so könnte man noch vieles aufzählen. Immer wenn Wünsche sich nicht erfüllen, Erwartungen enttäuscht werden oder plötzlich Unangenehmes passiert, empfinden alle Menschen Stress.

Die zweite Wahrheit bezieht sich auf die Entstehung des Leidens. Der Buddha war sich bewusst, dass es viele Ursachen für das Leiden gibt. Als Hauptursache hat er jedoch die menschliche Gier hervorgehoben. Damit ist das unbedingte Habenwollen oder Nichthabenwollen gemeint. Trotz aller Unvollkommenheiten auf dieser Erde würden wir relativ unbekümmert durchs Leben gehen, wenn wir nicht ständig darauf bestehen würden, dass die Dinge so sein müssen, wie wir sie uns denken. Der Umstand, dass wir leiden, ist weniger durch die reinen Tatsachen bedingt. Vielmehr messen wir die Dinge an unseren Idealvorstellungen und klagen dann darüber, dass die Realität immer wieder hoffnungslos hinter unseren Erwartungen zurückbleibt. Wir weigern uns, die Tatsachen einfach so zu akzeptieren, wie sie sind, und meinen, der Welt andauernd unseren Willen aufzwingen zu müssen. Unaufhörlich denken wir uns Wünsche aus. Aber damit nicht genug: Sobald wir einen Wunsch haben, bilden wir uns ein, ohne die Erfüllung dieses Wunsches nie wieder glücklich sein zu können. Wir verhalten uns oft wie kleine Kinder, die in untröstliches Geschrei ausbrechen, wenn etwas ihren Vorstellungen zuwiderläuft. Aus harmlosen Wünschen machen wir heftiges Verlangen und unstillbare Gier.

Die Gier richtet sich auf alles Angenehme, was Augen, Ohren, Zunge, Nase, Körper und Geist reizt. Sobald wir etwas für schön halten, müssen wir es haben und für immer festhalten. Was wir nicht mitnehmen können, fotografieren wir, und wir zeichnen Musik und Stimmen auf, um sie jederzeit hören zu können.

Aus Gier begehen Menschen sogar Verbrechen. Aus Gier fangen sie Kriege an. Die Gierigsten unter uns setzen sich über alle moralischen, religiösen und gesetzlichen Gebote und Verbote hinweg, um Öl, Gold und Kunstschätze zu rauben. Sie wollen Länder, Märkte und Menschen erobern. In ihrer Ahnungslosigkeit glauben sie, auf diese Weise beständiges Glück zu erlangen. In Wahrheit bringen sie nur unendliches Leid über sich und andere.

Ohne die dritte Wahrheit – sie beinhaltet die Überwindung des Leidens – wären die ersten beiden Wahrheiten unerträglich. Aber glücklicherweise entsteht Leiden nicht nur, sondern es vergeht auch wieder. Die Frage ist nur, wie. Da der Buddha Gier als die Hauptursache des Leidens erkannt hatte, lag die Antwort nahe: Das Leiden vergeht durch die Überwindung der Gier.

Indem man darauf verzichtet, alles Angenehme immer und sofort haben zu müssen, befreit man sich von der Gier. Wenn man darüber hinaus akzeptiert, dass auch unangenehme Erfahrungen ein Teil des Lebens sind, und nicht darauf besteht, dass man niemals Unangenehmes erleben darf, dann befreit man sich auch vom Leid bringenden Hass. Hass ist im Grunde genommen dasselbe wie Gier, mit dem einzigen Unterschied, dass Gier eine extreme Form von Zuneigung darstellt, während Hass eine extreme Form der Abneigung ist. Beide gründen sich auf ein unbedingtes Müssen: Ich muss das haben (Gier), und: Ich will das nie, nie, nie haben (Hass).

Das Aufgeben der Gier führt zu Toleranz und Gelassenheit – und Zeit. Man selbst, die anderen und die Welt dürfen endlich so sein, wie sie sind. Es ist nicht nötig, unaufhörlich nach dem Angenehmen zu greifen und das Unangenehme abzuwehren. Die extreme Ichbezogenheit kommt zur Ruhe. Man muss die Welt nicht pausenlos nach dem eigenen Geschmack gestalten.

Die vierte Wahrheit handelt vom Weg, der zur Überwindung des Leidens führt. Der Buddha war sich bewusst, dass die einmalige Erkenntnis der Leidensursache nicht ausreichen würde, sich für immer vom Leiden zu befreien. Vielmehr hielt er es für erforderlich, durch tägliche Übung positive Denk- und Verhaltensweisen zu entwickeln. An erster Stelle steht dabei wache Aufmerksamkeit, damit man schnell entdeckt, dass und worunter man leidet und wie man sich davon wieder befreien kann. In der Regel stellt man dabei fest, dass Gier, Hass und Unwissenheit die Auslöser des Stresses sind und weniger die Situationen selbst. Je besser man lernt, Ereignisse nicht zu beklagen, sondern geschickt mit ihnen umzugehen, desto leichter wird das Leben.

Die Erkenntnis, dass man sich den größten Teil des Leidens durch Gier, Hass und Unwissenheit selbst zufügt, ist äußerst befreiend; denn sie bedeutet auch, dass man den Schlüssel zum Glück selbst in der Hand hält und lernen kann, ihn zu gebrauchen.

## Der lächelnde Buddha – Jeder kann Zeit haben

Mithilfe der oben geschilderten vier Wahrheiten ist es möglich, jeglichen Stress zu mildern oder sogar zu beseitigen. Wir werden in den kommenden Kapiteln sehen, wie sich diese Grundsätze auf Zeitnot und Hektik anwenden lassen. Der lächelnde Buddha, der zugleich Ruhe und Mitgefühl ausstrahlt, kann dabei als Vorbild und Symbol dienen. Es war und ist möglich, Zeit zu haben. Man muss zu diesem Zweck nicht einmal Mönch oder Nonne werden. Der Buddha hat immer wieder betont, dass sein Weg auch im normalen Leben verwirklicht werden kann.

Der Buddha lebte so, wie es ihm gefiel. Er wollte – anders als die anderen, die er beobachtete – ein Leben ohne Gier, Hass und Unwissenheit, und damit auch ohne viele Sorgen, Ärger und Enttäuschungen führen. Dasselbe empfahl er jedem anderen auch. Die Frage, ob jemand als Mönch bzw. Nonne lebte, war demgegenüber zweitrangig.

## Sie haben leicht reden!

Vielleicht stimmen Sie mit mir überein, dass man nicht als Mönch/Nonne leben muss, um frei von Zeitnot und Hektik zu sein. Aber möglicherweise haben Sie gewisse Zweifel, ob man nicht – so wie ich – Schriftsteller oder etwas Ähnliches sein müsste, um viel Zeit zu haben und das Leben zu genießen.

Aber wie kommen Sie eigentlich auf die Idee, dass Schriftsteller alle Zeit der Welt haben und ein sorgloses Leben führen? Kennen Sie nicht die zahllosen Biografien über AutorInnen, die sich mit dem Schreiben ihrer Bücher endlos gequält haben? Abgabetermine für ihre Manuskripte, Lesereisen durch die Provinz, finanzielle Sorgen, Neid auf und von KollegInnen: Klingt das wie ein Leben ohne Leid und Zeitnot?

Trotzdem gebe ich zu: Ich habe Zeit. Nur liegt das nicht an meinem Beruf, sondern daran, dass ich das anwende, was ich schreibe. Bereits vor meinem Beruf als Schriftsteller hatte ich Zeit. Es war im vierten Semester meines Jurastudiums, als ich begriffen habe, was man tun muss, um einerseits erfolgreich zu sein und andererseits Zeit zu haben. Bis dahin hatte ich mich ziemlich gequält: langweilige Vorlesungen gehört, stets Seminare besucht, deren Leiter als besonders anspruchsvoll und streng verschrien waren, und sehr viel Zeit in der Bibliothek verbracht. Aber die Ergebnisse waren mager. Meine Noten bewegten sich am unteren Rand, und das Studium machte mir keinen Spaß.

Es war höchste Zeit, etwas anderes zu probieren. Ich belegte von nun an nur noch diejenigen Seminare, die unbedingt erforderlich waren, um die Prüfungsvoraussetzungen zu erfüllen, ging nur noch zu freundlichen Professoren und war überhaupt viel seltener an der Uni. Aber – was für eine Überraschung! – meine Noten wurden viel besser. Das Studium begann, mir Spaß zu machen. Und als zusätzliche Belohnung: Ich hatte viel freie Zeit!

Allerdings lag das Examen noch vor mir. Das juristische Staatsexamen gilt zu Recht als sehr schwierig. Die Zahl derjenigen, die das Studium vorher abbrechen oder durch die Prüfung fallen, ist im Vergleich zu anderen Fächern enorm. Der Prüfungsablauf selbst wird immer mal wieder verändert. Heute schreibt man Klausuren und muss eine mündliche Prüfung bestehen. Zu meiner Zeit musste man auch noch eine vierwöchige Hausarbeit schreiben.

Diese vier Wochen galten als eine einzige Strapaze. Man arbeitete bis zum Rande der Erschöpfung. StudienkollegInnen versorgten einen mit Essen und Trinken und halfen bei der Arbeit mit, obwohl es eigentlich verboten war. Am letzten Tag, in letzter Minute, kurz vor Mitternacht warf man die Examenshausarbeit in den Briefkasten des Prüfungsamts.

So wollte ich es auf keinen Fall machen! Mir war aufgefallen, dass auch schon bei den Übungsarbeiten ähnlich strapaziös und zeitraubend gearbeitet wurde. Viele schrieben an einer Hausarbeit, die während der vorlesungsfreien Zeit ausgegeben wurde, die gesamten drei Sommermonate, obwohl im Hinblick auf die Examensarbeit empfohlen wurde, nach vier Wochen abzugeben.

Ich beschloss, das Gegenteil von dem zu tun, was üblich war. Ich gab mir nicht drei Monate, sondern drei Wochen Zeit, um eine Woche als Reserve zu haben, falls ein unerwartetes Problem auftreten sollte. Bei diesen Übungen stellte ich fest, dass die Zeit unter ganz bestimmten Voraussetzungen ausreichte. Man musste sich auf die wesentlichen Probleme des Falles konzentrieren, der zu lösen war. Es war nicht möglich und auch nicht nötig, jede Frage in allen Einzelheiten zu diskutieren. Jede Prüfungsaufgabe hatte einen oder zwei Schwerpunkte. Diese galt es herauszufinden. Und dann musste man noch den Lösungsweg durch Zitate aus der juristischen Fachliteratur absichern.

Außerdem schrieb ich meine Arbeiten von Anfang an allein, weil ich keine Lust hatte, auch noch darüber zu diskutieren, wie schwer die Aufgabe, das Studium, das Examen und überhaupt das ganze Leben war. Es war so schon schwer genug. Wenn mehrere bei so einer Sache zusammenarbeiten, tauchen Probleme auf, die man ohne die »Mithilfe« der anderen nicht hätte. Jeder will das Problem anders lösen, und dann muss man auch noch darüber reden und verliert dadurch noch mehr Zeit. Also verzichtete ich darauf. Ich hatte mich gut vorbereitet, kannte den Prüfungsstoff in den Grundzügen, und das musste genügen.

Tatsächlich war ich mit meiner Examenshausarbeit nach drei Wochen und vier Tagen fertig, und das ohne Nachtarbeit. Ich hatte nicht 100 Seiten geschrieben, was von einigen als Minimum angesehen wurde, sondern 40. Aber das reichte meiner Meinung nach aus.

Das Ergebnis? Ich bekam ein »Sehr gut« und wurde für meinen Mut gelobt, dass ich mich auf die Schwerpunkte der Aufgabe konzentriert hatte. (Ich hatte mir schon gedacht, dass die Prüfer keine Lust haben würden, 100 Seiten zu lesen!)

Als ich dann als Jurist arbeitete, hätte ich permanent unter Zeitdruck stehen können. Aber ich tat es nicht. Auch als Autor könnte ich häufig Hektik und Zeitnot verspüren, wenn ich wollte. Aber ich will nicht. Seit meinem Schlüsselerlebnis im Studium weiß ich, dass Arbeit, Leistung, freie Zeit und Gelassenheit miteinander vereinbar sind. Es ist nur eine Frage, wie man das schafft, und darum geht es in diesem Buch.

# Ach, wenn mein Tag doch 25 Stunden hätte!

… oder besser gleich 48? Dies wäre bestimmt keine Lösung. Nach kurzer Zeit wären die 25 oder 48 Stunden genauso vollgestopft wie vorher die 24, die jedem von uns zur Verfügung stehen.

Es wäre wie beim Dispo-Kredit. Erst kommt man mit dem vorhandenen Geld nicht aus und braucht einen Kredit. Dann ist auch der Dispo-Kreditrahmen bald ausgeschöpft. Es hat sich eigentlich nichts geändert. Im Gegenteil: Die Situation ist schlimmer geworden, weil man nun auch noch Zinsen zahlen muss.

Außerdem gibt es keine Methode, um den Tag zu verlängern. Allerdings kamen vor einigen Jahren einige Bücher amerikanischer AutorInnen auf den Markt, die die Idee propagierten, weniger zu schlafen, um dadurch mehr Zeit zu gewinnen. Man sollte einfach täglich nur noch 5 oder 6 Stunden schlafen anstatt 8 oder 9. Dadurch würde man 2 bis 4 Stunden pro Tag gewinnen. Das wären pro Jahr bis zu 1460 Stunden, also ganze 60 Tage mehr. Eine faszinierende Rechnung!

Schlaf wurde als eine bloße Laune der Natur hingestellt, deren Sinn im Laufe der Entwicklung verloren gegangen sei. Die Sache klang für manche sehr attraktiv, ist aber schnell wieder im Sande verlaufen. Viele sind sowieso chronisch übermüdet. Zahlreiche schwere Unfälle gehen auf das Konto von Fahrern, die am Steuer für Sekunden einschlafen und dabei die Gewalt über ihr Auto verlieren. Und auch wenn die Konsequenz des Schlafmangels selten so dramatisch ist: Die

Lebensqualität nimmt einfach zu stark ab, als dass die Lösung der Zeitprobleme im Schlafentzug gesehen werden könnte.

Ist möglicherweise Multitasking die Antwort auf Zeitnot? Sollte man einfach mehrere Sachen gleichzeitig machen, also die Zähne putzen, während man auf dem Hometrainer sitzt und die Morgennachrichten sieht? Telefonieren, einen Kaffee trinken und dabei durch die Stadt laufen? Auf Dauer geht das auf die Nerven. Die Hektik nimmt dabei nicht ab, sondern zu.

Erinnern Sie sich noch an »Superlearning«? Sprachen lernen, während man schläft, lautete das Versprechen dieser zeitsparenden Wundermethode. Offenbar hat es doch nicht richtig funktioniert.

Könnte es sein, dass die Gentechnik alle Zeitprobleme lösen wird? Man lässt sich einfach klonen und kann zwei Reisen gleichzeitig machen. Oder man geht ins Kino, während das identische Duplikat die Hausarbeit erledigt. Auf diese Weise werden aus 24 dann doch noch 48 Stunden!

Lassen Sie uns allen, die nach solchen Lösungen suchen, viel Glück wünschen; denn sie werden es brauchen. Wenden wir uns lieber den Methoden zu, die sich seit Jahrtausenden bewährt haben.

## Drei Kleinode

Damit der Weg zur Stressüberwindung leichter gelingt, empfiehlt der Buddha drei Hilfen. Sie werden in der buddhistischen Lehre die drei Kleinode genannt. An dem etwas verstaubten Begriff sehen Sie, dass es wirklich eine recht alte Methode ist. Heute würde man wohl eher von drei Schätzen oder Juwelen sprechen.

Diese drei Kleinode oder Juwelen, das sind der Buddha, seine Lehre und seine Gemeinde. Nimmt man diese Hilfen an, ist es viel einfacher, das Leiden zu überwinden und dasselbe Glück wie der Buddha zu erlangen.

Für seine AnhängerInnen, aber inzwischen auch weit über diesen Kreis hinaus, ist der Buddha ein großes Vorbild. Was man selbst erst noch erreichen möchte, hat er bereits lange vor einem geschafft. Daraus kann man Hoffnung und Ansporn schöpfen.

Man hat außerdem die großartige Möglichkeit, sein Vorbild studieren und dann dasselbe tun zu können. Man informiert sich einfach über seine Lehre, also über das, was er gesagt und vorgelebt hat.

Und als Drittes kann man die »Gemeinde« um Rat fragen. Das sind diejenigen, die auf demselben Weg sind. Mit ihnen kann man Erfahrungen austauschen.

Wenn Sie in Zukunft mehr Zeit und weniger Hektik haben wollen, werden Sie einige neue Denk- und Verhaltensweisen lernen müssen; denn Ihre bisherigen Muster werden immer wieder dieselben Ergebnisse bringen: Hektik und Zeitmangel. Machen Sie nicht den

Fehler, den die meisten Menschen begehen. Diese erwarten nämlich von ihren alten Denk- und Verhaltensgewohnheiten plötzlich neue Ergebnisse.

Lernen mit einem Vorbild vor Augen ist einfacher. Zwei der wichtigsten Lernprinzipien, die es überhaupt gibt, sind das Beobachten und das Nachahmen. Auf diese Weise lernen Kinder die in ihrer Kultur typischen Verhaltensweisen. Sie hören Wörter und sprechen sie so lange nach, bis sie ihre Muttersprache beherrschen. Sie gucken, wie die Erwachsenen Messer, Gabel und Löffel benutzen, und üben so lange, bis sie auch damit umgehen können.

Leider lernt man so auch die in unserer Gesellschaft übliche Zeitnot und Hektik. Man ahmt die anderen nach. Aber was sind das für Vorbilder!

Deshalb lautet der erste Ratschlag: Suchen Sie sich bessere Vorbilder! Schauen Sie sich um, von wem Sie in Ihrer Umgebung lernen können. Gibt es Menschen, die so mit der Zeit umgehen, wie Sie es sich wünschen? Was können Sie von ihnen übernehmen? Reden Sie mit diesen Personen. Fragen Sie sie, wie sie es schaffen, ihr Leben so zu organisieren, dass sie Zeit und Muße haben.

Vielleicht können Sie sich auch selbst zum Vorbild nehmen. Denken Sie einmal zurück. Bestimmt war Ihr Leben nicht immer so stressig wie heute. Wann hatten Sie Zeit und Ruhe? Was war damals anders als heute? Wie können Sie ganz oder teilweise daran wieder anknüpfen?

Der Buddha hat seinen SchülerInnen empfohlen, sich auf der Suche nach Befreiung vom Leiden an seine Lehre zu halten. Er hat für die Zeit nach seinem Tod keinen Nachfolger ernannt. Deshalb gibt es anders als in anderen Religionen im Buddhismus kein Kirchenoberhaupt. Eine Ausnahme bildet der erst später entstandene tibetische Buddhismus mit dem Dalai Lama.

Das Lernen neuer Denk- und Verhaltensweisen wird noch einfacher, wenn man eine Anleitung hat, an die man sich halten kann. Der zweite Ratschlag lautet daher: Finden Sie eine Strategie, mit deren Hilfe Sie Ihre Zeitprobleme lösen können. Natürlich hoffe ich, dass dieses Buch Ihnen dabei eine große Hilfe sein wird. Ich nehme aber nicht in Anspruch, dass es für alle Menschen in allen Situationen allein selig machend ist. Niemand kann allen alles bieten. Also prüfen Sie auch andere Anleitungen, die auf dem Markt sind, und suchen Sie sich das heraus, was für Sie persönlich das Beste ist, um Ihre Ziele zu erreichen.

Die dritte Hilfe beim Lernen ist die »Gemeinde«. Die buddhistischen Mönche und Nonnen sollen sich auf ihrem Weg gegenseitig in Rat und Tat unterstützen. Zwar hat der Buddha sein Ziel allein erreicht. Er war sich aber der Tatsache bewusst, dass viele Menschen besser vorankommen, wenn sie von anderen gefördert werden.

Der dritte Ratschlag heißt deshalb: Schließen Sie sich mit anderen zusammen. Sie leiden nicht allein unter beruflicher und privater Überlastung. Diskutieren

Sie mit anderen über die Ursachen und suchen Sie gemeinsam nach Ideen, die Ihre Probleme lösen. Ermutigen Sie sich gegenseitig, anzufangen und so lange dabeizubleiben, bis Sie es geschafft haben.

Andererseits sollten Sie sich aber auch nicht von der Hilfe anderer abhängig machen. Unterstützung durch andere kann sehr wertvoll sein. Sie ist jedoch keine absolute Voraussetzung, um Ziele zu erreichen. Falls Sie also im Moment niemanden finden oder Ihr Vorhaben lieber allein in die Tat umsetzen, dann lassen Sie sich nicht davon abhalten.

# Ohne Hektik und Zeitnot leben

# 1. Die Zielsetzung

## Probleme in Wünsche verwandeln

Nehmen wir mal an, über Nacht geschieht ein Wunder, und alle Ihre Zeitprobleme haben sich in Luft aufgelöst. Ein Leben voller Hektik und Zeitnot, das gehört für Sie für immer der Vergangenheit an.

Was ist nun alles anders? Wie sieht Ihr Leben aus, wenn Sie so viel Zeit haben, wie Sie möchten? Beschreiben Sie den ersten Tag nach dem Wunder. Woran merken Sie bereits beim Aufwachen, dass Sie jetzt Zeit haben und nicht mehr hetzen müssen? Und wie geht Ihr Tag weiter?

Verschieben Sie alle Gedanken, dass ein angenehmes Leben für Sie außer Reichweite liegt, auf später. Im Moment geht es nicht darum, was machbar ist, sondern an dieser Stelle zählt nur, wie Sie sich einen Tag ohne Hetze und Zeitnot vorstellen.

Falls Ihnen das schwerfällt, nehmen Sie sich erst einmal ein Blatt Papier. Listen Sie alles auf, was Sie im Moment aus Zeitmangel nicht tun können. Denken Sie an alle Situationen, in denen Sie sich beeilen müssen.

Diese Übung kann für sich genommen schon sehr entlastend sein. Sie stellen gewissermaßen Ihre Probleme vor sich hin und sagen: »O.k. Das ist es also. Das sind meine Zeitprobleme. Es mögen viele sein. Aber mehr sind es nicht. Die Zahl der Probleme ist endlich. Sie sind entstanden, also werden sie auch wieder vergehen. Ich finde heraus, wie ich jedes einzelne Problem lösen kann.«

Probleme haben die unangenehme Eigenschaft, uns vage und scheinbar undefinierbar zu belasten und den ganzen Raum, das gesamte Bewusstsein einzunehmen. Deshalb besteht der erste Schritt darin, die Probleme klar zu benennen, am besten schriftlich. Dann kann man sie besser loslassen, jedenfalls für eine Weile.

Als Nächstes nehmen Sie einen zweiten Zettel und schreiben anhand der Problemliste Ihre Ziele auf. Das geht so: Sie verneinen das Problem bzw. heben die Verneinung auf (Problem: Ich habe morgens nie Zeit zu frühstücken. Ziel: Ich habe morgens Zeit zu frühstücken. – Problem: Meine Freundin redet am Telefon stundenlang auf mich ein. Ziel: Meine Freundin redet am Telefon nicht mehr stundenlang auf mich ein.). Oder Sie schreiben auf, was Sie stattdessen wollen (Ziel: Ich telefoniere höchstens noch 15 Minuten mit meiner Freundin.). Oder Sie formulieren Ihr Ziel frei, wenn das Ihren Wünschen am besten entspricht (Ziel: Ich suche mir eine neue Freundin.).

Die bloße Verneinung der Probleme hat manchmal den Nachteil, dass man noch keine Vorstellung davon bekommt, was besser wäre. Nur wenn das Problem negativ formuliert war (nie Zeit zu frühstücken), erhält man ein positives Ziel (Zeit zu frühstücken). In jedem Fall ist es ratsam, weiterzufragen: Was bedeutet das konkret? Die Antwort führt dann zu einem klar definierten, vorstellbaren Ziel (Beispiel: was bedeutet »Zeit zu frühstücken« genau? Ziel: Ich trinke morgens zwei Tassen Kaffee und esse ein Brötchen.).

## Eine Viertelstunde nur für Sie allein

Mehr Zeit haben – was heißt das für Sie? Im Idealfall wissen Sie bereits genau, was Sie wollen. Normalerweise werden Sie das Ziel aber erst noch bestimmen müssen. Lassen Sie uns den Rahmen abstecken.

Mehr Zeit haben, das könnte für Sie bedeuten, jeden Tag eine Viertelstunde nur für sich allein zu haben. Falls Sie es gewohnt sind, von einer Aufgabe zur nächsten zu eilen und ständig von Menschen umgeben sind, wäre es ein bedeutsamer Fortschritt, wenn Sie anfangen, täglich eine Viertelstunde nur für sich zu reservieren. Diese Zeit könnte ein Moment des Aufatmens sein, des Zu-sich-Kommens. Es sind 15 Minuten, die Sie auf den Geschmack der freien Zeit bringen könnten.

Machen Sie in dieser Zeit nur das, was Sie wirklich wollen. Es ist nicht sehr viel, aber genug, um alles andere einmal loszulassen. Eine Viertelstunde reicht für einen kurzen Spaziergang oder für eine Tasse Tee oder für ein paar Notizen im Tagebuch. Man kann auch einfach die Augen schließen und sich auf das Ein- und Ausatmen konzentrieren. Oder man legt sich aufs Bett und tut gar nichts.

Vielleicht bekommen Sie Lust, sich im Laufe des Tages eine zweite und dritte Freizeit zu erlauben. Oder Sie lassen es einfach dabei. Kann sein, dass eine Viertelstunde nur für sich allein alles ist, was Sie brauchen.

Andere werden denken: »Was ist schon eine Viertelstunde?« und es als Minimum ansehen. Möglicherweise wollen Sie aufs Ganze gehen. Was könnte das sein? Ein Leben ohne Terminkalender und ohne Uhr?

Wie viele Uhren besitzen Sie? Die meisten haben mehrere. Früher, als Uhren kostbar waren, wäre es eine Aussage über Ihren Wohlstand gewesen. Heute dagegen bekommt man eine Uhr bereits für wenige Euro. Oder man erhält sie geschenkt, wenn man eine Zeitschrift abonniert.

Dabei könnte man es sich sparen, eine Armbanduhr zu tragen. Überall gibt es Uhren. Auf dem Bildschirm meines Computers befindet sich rechts oben eine sekundengenaue digitale Zeitanzeige. Ich könnte sie wegschalten, tue es aber nicht. Sobald man das Radio anschaltet, sagen einem die ModeratorInnen pausenlos die Zeit an. Auf U-Bahnhöfen, ja im gesamten Stadtbild, findet man Uhren.

Benutzen Sie einen Terminkalender? Oder mehrere? Wir leben im Zeitalter der Computer. Einige verwalten ihr Leben mit Hilfe ihres Rechners. Außerdem übertragen sie ihre Termine noch auf ein Notepad oder Ähnliches. Digitale Uhren mit Speicherfunktionen dienen anderen zugleich als Terminkalender.

Kein Wunder, dass Hektik und Zeitnot so verbreitet sind. Zeige mir deinen Terminkalender, und ich sage dir, wer du bist. Bereits Kinder haben heute viele Termine: Kindergarten oder Schule, Sportverein, Schwimmclub, Ballett, Musikunterricht, Geburtstagsparties, Reisen, Lieblingssendungen im Fernsehen, Wochenenden bei FreundInnen oder dem getrennt lebenden Elternteil. Da brauchen die Kleinen schon ab und zu das erste Beruhigungsmittel, um über die Runden zu kommen, oder die Tablette gegen ihr Aufmerksamkeitsdefizitsyndrom.

Ich weiß nicht, ob ich heute Kind sein möchte. Vor 40 Jahren konnte ich – nach ein paar Stunden in der Schule – machen, was ich wollte. Man wusste, wo die anderen Kinder waren, und zog mit dem Roller oder Fahrrad los, um sie vor den Häusern, auf den Spielplätzen oder im Schwimmbad zu treffen, wenn man Lust dazu hatte. Es gab auch noch genug unbebaute, verwahrloste Grundstücke: die idealen Abenteuerspielplätze, bevor es das Wort überhaupt gab. Autos und Fernseher spielten keine zentrale Rolle. Kinder-Fernsehkanäle existierten zum Glück nicht.

Ich will damit nicht sagen, dass damals alles besser war. Aber es war ein Leben ohne Uhr und Terminkalender. Vielleicht erinnern Sie sich auch an solche Zeiten und möchten sich ein Stück davon zurückerobern. Malen Sie sich aus, wie es wäre, wieder ohne Terminkalender und ohne Uhr zu leben. Lassen Sie außer Acht, ob es auch tatsächlich möglich ist. Dazu kommen wir später.

## Zwischenziele

Was immer Ihr Ziel ist, Sie werden es nicht von heute auf morgen erreichen. Überlegen Sie einmal, wie lange Sie gebraucht haben, um sich in diese Situation zu bringen, in der Sie heute unter zu wenig Zeit und zu viel Druck leiden. Auch das ging nicht von einem Tag auf den anderen. Sie mussten erst viele Pflichten und noch mehr Begehrlichkeiten aufeinanderschichten, bis die Last so schwer wurde, wie sie jetzt ist.

Ich kann verstehen, dass Sie am liebsten das Wunder sofort erleben möchten, von dem oben die Rede war. Ich bin auch so. Aber ich möchte die Hoffnung auf schnelle Veränderungen etwas bremsen. Viele RatgeberInnen und HelferInnen leben davon, dass sie sofortigen Erfolg versprechen. Nur müssen sie dann schnellstens kassieren und weglaufen, bevor sich herausstellt, dass die großen Versprechungen sich nicht erfüllen.

Die Sucht nach schnellen Veränderungen ist ein Teil des Problems. Wir wollen alles, und zwar sofort. Deshalb sind wir so sehr in Eile, und aus demselben Grund haben wir auch keine freie Minute mehr.

Wenn Sie Wert auf dauerhafte Lösungen legen, ist es besser, Sie lassen sich von Anfang an Zeit und bauen Ihre Zeitprobleme eines nach dem anderen, Schritt für Schritt, ab. Setzen Sie sich Zwischenziele, die Sie binnen Tagen oder Wochen erreichen können. Der Berggipfel winkt als Fernziel, aber der Weg dahin führt von Almhütte zu Almhütte.

Stellen Sie sich die Fragen: Welche Zwischenziele peile ich an? Welche konkreten Teilerfolge zeigen mir, dass ich dabei bin, mich von Zeitnot und Hektik zu befreien? Welches Teilziel würde mir die größte Entlastung verschaffen? Welche Schritte bringen mich weiter? Was ist der erste Schritt? Was kann ich heute konkret tun, um weniger Druck und Zeitnot zu verspüren?

# 2. Die Motivation

## Was man von einem Esel alles lernen kann

Mit Eseln kenne ich mich nicht besonders aus. Aber man hört so einiges über sie, z. B. dass sie störrisch sind und manchmal nur mithilfe eines Tricks dazu zu bringen sind, sich weiterzubewegen. Der Trick geht so: Man befestigt eine Karotte an einer Schnur, die wiederum an einem langen Stock hängt. Während man auf dem Esel sitzt, hält man ihm die an der Schnur hängende Karotte vor Nase und Augen. Getrieben von dem Verlangen, die Karotte zu bekommen, setzt sich der Esel in Bewegung. Ich vermute, dass man ihm die Karotte zum Schluss geben muss. Sonst funktioniert der Trick beim nächsten Mal wohl nicht mehr.

Was kann man daraus lernen? 1. Esel sind klug. Warum sollten sie einen Menschen tragen für nichts und wieder nichts? Sie wollen am Ende eine Belohnung. 2. Wir sind mindestens so klug wie Esel. Wir wollen auch eine Belohnung, wenn wir uns für eine Sache ins Zeug legen.

Nun will ich Ihnen aber keine Karotte anbieten, damit Sie anfangen, Hektik und Zeitnot aus Ihrem Leben zu verbannen. Das würde Sie kaum reizen. Aber Sie können sich selbst etwas überlegen. Wofür wären Sie bereit, alles Erforderliche zu tun, um Ihre Zeitprobleme zu lösen? Was würden Sie gewinnen, wenn Sie wieder mehr Zeit hätten? Wie würde es sich auf positive Weise in Ihrem Leben auswirken?

Finden Sie mindestens 20 Gründe, weshalb es sich für Sie lohnt, dass Sie Ihre Zeitziele erreichen. Und schreiben Sie sie auf; denn nichts vergisst man so schnell wieder wie die guten Vorsätze. Die gesteckten Ziele, aber auch die Gründe, weshalb man sich die Ziele gesetzt hat, geraten leicht in Vergessenheit. Und plötzlich fragt man sich: Was will ich überhaupt? Oder: Was soll das überhaupt? Lohnt es sich denn?

In solchen Momenten ist es unschätzbar, dass Sie Ihre Notizen parat haben, um sich wieder auf Ihre Ziele auszurichten und sich neu zu motivieren. Die Gründe für Ihr Handeln, das sind Ihre persönlichen Karotten, die Sie zum Ziel ziehen. Halten Sie sie sich stets vor Augen.

## Die Lebensgeister wecken

In der Kognitiven Verhaltenstherapie gibt es eine Methode, die TIC-TOC genannt wird. Sie kann Ihnen sehr dabei helfen, aktiv zu werden und Ihre Pläne in die Tat umzusetzen.

TIC-TOC ist eine Abkürzung. TIC steht für task-interfering cognitions, TOC für task-oriented cognitions. Die Kognitive Verhaltenstherapie basiert auf dem Grundsatz, dass man sich so fühlt und so handelt, wie man denkt. Unseren Gedanken kommt eine zentrale Bedeutung zu, wenn wir unsere Ziele erreichen und unsere Probleme lösen wollen.

TIC, das sind alle Gedanken, die es einem schwer oder unmöglich machen, sich gut zu fühlen oder aktiv zu werden. Wir alle kennen solche Gedanken zur Genüge:

- Ich habe heute keine Lust.
- Ich kann das nicht. Ich bin zu … (jung, alt, dumm, ungeschickt, müde usw.).
- Ob das überhaupt funktioniert? Nein, bestimmt nicht.
- Lohnt sich das? Nein, ich glaube nicht. Deshalb fange ich lieber erst gar nicht an.

Die TICs (= die hemmenden, hinderlichen Gedanken) bewirken, dass man das Ziel aus den Augen verliert. Oder es erscheint einem nicht mehr attraktiv. Der Weg wirkt plötzlich zu beschwerlich. Das Ergebnis ist immer dasselbe: Man kommt nicht mehr vorwärts.

Was tun? Die TICs sind nur deshalb so stark, weil man sie nicht infrage stellt. Sobald man sie anzweifelt – und vor allem, wenn man dies oft tut –, verlieren sie viel von ihrer Kraft. Nicht, dass sie unbedingt für immer verschwinden. Aber sie halten einen dann nicht mehr auf.

Die hinderlichen Gedanken infrage zu stellen, ist im Grunde genommen kinderleicht. Nehmen wir zum Beispiel:
- Ich habe heute keine Lust.

Stimmt das? Na ja, ein bisschen Lust habe ich schon, aber leider nicht sehr viel. Die Antwort könnte aber auch heißen: Nein, null, überhaupt keine Lust. (Man braucht sich bei dieser Methode nichts vorzumachen und auch nichts einzureden.)

Hilft mir der Gedanke »Ich habe heute keine Lust«,

mich gut zu fühlen und so zu handeln, dass ich meine Ziele erreiche? Nein.

Welche Gedanken würden mir helfen, mich besser zu fühlen, Lust zu bekommen und aktiv zu werden?

Damit kommen wir zu den TOCs. TOCs, das sind alle Gedanken, die es einem erleichtern, sich wohlzufühlen und ein aktives Leben zu führen. Hilfreiche Gedanken wecken die Lebensgeister und wirken wie die Karotte vor der Nase des Esels.

Bleiben wir bei dem hinderlichen Gedanken »Ich habe keine Lust«. Mögliche TOCs wären:

- Aber ich fange jetzt trotzdem an.
- Sobald ich einen Teil der Aufgabe geschafft habe, werde ich mit mir zufrieden sein.
- Dieses Gefühl der Zufriedenheit bekomme ich nur, wenn ich jetzt beginne.
- Lust ist keine Bedingung, etwas zu tun.
- Ich mache mein Handeln nicht von meinen Launen abhängig.
- Auf geht's.

Sie können sich in Zeiten der Unlust auch Ihre Ziele und Ihre Motivation noch einmal vergegenwärtigen. Holen Sie Ihren Zettel mit den entsprechenden Notizen hervor. Ein attraktives Ziel und gute Beweggründe sind die besten Starthilfen.

Probieren Sie die TIC-TOC-Methode am besten gleich einmal aus. Nehmen Sie ein Blatt Papier und ziehen Sie einen senkrechten Strich in der Mitte. In die linke Spalte schreiben Sie alle Ihre TICs. Welche Überlegungen könnten Sie daran hindern, Ihre Zeitziele zu verwirklichen?

Anschließend notieren Sie in der rechten Spalte sämtliche TOCs, die Ihnen einfallen. Stellen Sie Ihre hemmenden Gedanken infrage. Widersprechen Sie ihnen. Welche Überlegungen unterstützen Sie darin, das Erforderliche zu tun, damit Sie heute mehr Zeit und weniger Hektik haben?

Beispielsweise könnte in der linken Spalte stehen: »Ich kann das Treffen mit meinen Freunden nicht absagen.« In die rechte Spalte schreiben Sie so etwas wie: »Kann ich das Treffen nicht absagen? Doch, das kann ich sehr wohl.« In die linke Spalte: »Aber ich habe Angst, dass sie mich dann nie wieder einladen.« In die rechte Spalte: »Woher will ich das wissen? Kann ich die Zukunft voraussagen? Und falls sie es nie wieder tun, sind sie dann überhaupt Freunde? Ich möchte jedenfalls nur mit Leuten zu tun haben, die auch mal eine Absage von mir akzeptieren.«

Sicherlich wollen Sie auch wissen, ob es einen Test gibt, dass Sie die TIC-TOC-Methode richtig anwenden. In der Tat gibt es einen Maßstab dafür, genau genommen sogar zwei. Bei erfolgreicher Anwendung passiert Folgendes:

1. Sie fühlen sich besser. Begeisterung für Ihre Ziele keimt auf. Ihre Überzeugung wächst, dass Sie es schaffen werden.

2. Sie tun tatsächlich etwas für Ihre Ziele. Anstatt nur darüber nachzudenken, es bei Wünschen zu belassen

und nur darüber zu reden, sind Sie regelmäßig (jeden Tag, jede Woche, bei jeder passenden Gelegenheit) dabei, Ihre Vorsätze Schritt für Schritt zu verwirklichen.

Achten Sie auf Ihre Gedanken, und ändern Sie sie immer wieder und so lange, bis Sie merken, dass Sie sich wohler fühlen und aktiver werden.

## Über Kunden, Klagende und Besucher

Als Berater erlebt man drei Gruppen von Ratsuchenden:

• Da sind einmal diejenigen, die darauf brennen, ihre Probleme zu lösen. Sie sind bereit, alles dafür Erforderliche zu tun. Für sie geht es nur um das Wie, nicht mehr um das Ob. Sie wollen ihre Ziele erreichen und suchen einen Gesprächspartner, damit sie ihre Gedanken sammeln, Pläne machen und das Für und Wider der verschiedenen Möglichkeiten abwägen können. Sobald der Plan klar ist, fangen sie an, selbstständig daran zu arbeiten. Es ist relativ leicht, mit diesem Personenkreis zu arbeiten.

• Die zweite Gruppe besteht aus Leuten, die immer wieder die Schwierigkeiten, denen sie ausgesetzt sind, in den Vordergrund stellen. Sie fühlen sich als Opfer widriger Umstände und fragen sich, warum das alles so sein muss. Anstatt zu handeln, reden sie lieber. Die Menschen dieser Gruppe erwarten die Erfüllung ihrer Wünsche von anderen. Das Universum, ihre FreundInnen oder Verwandten und natürlich der Berater sollen sich darum kümmern. Wenn man nicht aufpasst, stellt man als Berater bald fest, dass man selbst immer aktiver wird, während die »Ratsuchenden« sich mehr und mehr entspannen. Diese Erfahrung habe ich am Anfang als Schuldnerberater gemacht. Während ich immer engagierter wurde und Vorschläge unterbreitete, lehnte sich mein Gegenüber bisweilen zurück und sagte ruhig und gelassen: »Das geht nicht.« Sofort versuchte ich wortreich zu erklären, dass es sich um sehr Erfolg versprechende Strategien handele, nur um auf weitere Einwände zu stoßen. Am Ende solcher Beratungen war ich ziemlich erschöpft. Mein Gegenüber hatte dagegen offensichtlich Gefallen an diesem Spiel, ließ sich nicht im Geringsten überzeugen und verabschiedete sich zufrieden.

Nach ein paar solcher »Beratungen« begriff ich, dass es den anderen gelungen war, die Rollen zu tauschen. Nicht sie engagierten sich, sondern ich. Während sie jammerten, bemühte ich mich, Lösungen zu finden. Es waren Menschen, die noch nicht bereit waren, ihre Probleme in eigener Verantwortung zu lösen. Seit dieser Zeit achte ich darauf, dass die Rollenverteilung stimmt.

• Schließlich gibt es noch diejenigen, die nur mal vorbeischauen. Sie klagen nicht und suchen keine Lösungen. Entweder hat sie ein anderer zur Beratung geschickt oder sie möchten sich nur unverbindlich unterhalten.

In der lösungsorientierten Kurzzeittherapie werden die drei Gruppen, die ich soeben beschrieben habe, Kunden, Klagende und Besucher genannt. Als Berater verschafft man sich als Erstes Klarheit darüber, wen man vor sich hat. Die erste Gruppe, die Kunden, haben gute Aussichten, ihre Ziele zu erreichen. Mit der zweiten Gruppe, den Klagenden, ist eine erfolgreiche Zusammenarbeit nur unter der Bedingung möglich, dass sie begreifen, dass sie ihre Probleme in Wünsche verwandeln und selbst etwas für ihre Ziele tun müssen. Den BesucherInnen reicht man einen Kaffee, zeigt ihnen die Angebote und plaudert ein wenig, bevor man ihnen einen schönen Tag wünscht.

Zu welcher Gruppe gehören Sie? Zögern Sie nicht, sich selbst Klarheit über Ihre Motivation zu verschaffen. Wollen Sie Ihre Zeitprobleme wirklich lösen? Genügt es Ihnen im Moment, darüber zu klagen, dass Sie welche haben? Oder wollen Sie sich einfach mal unverbindlich informieren, was man tun kann, falls man unter Hektik und Zeitmangel leidet? Mit der Zuordnung zu einer der drei Gruppen ist lediglich eine Tatsachenfeststellung, aber kein Werturteil verbunden. Wenn ich mich beraten lasse, bin ich selbst meistens Besucher, manchmal Klagender und nur selten Kunde. Jede Beraterin und jeder Berater hätte vermutlich schon längst aufstecken müssen, wenn ihre/seine Klientel nicht auch aus Klagenden und BesucherInnen bestünde. Trotzdem ist es für beide Seiten gut zu wissen, ob und wie viel Veränderungsbereitschaft vorhanden ist.

# Überlegen Sie es sich ruhig noch einmal

Überstürzen Sie nichts. Veränderungen sind nicht leicht. Sie werden einen Preis zahlen müssen. Dies ist kein Buch, das Ihnen verspricht, durch pure Zauberei zum Ziel zu kommen. Deshalb sollten Sie vorher genau prüfen, ob sich die Umstellung für Sie wirklich lohnt. Haben Sie im Abschnitt »Was man von einem Esel alles lernen kann« wirklich gute Gründe gefunden, sich von Hektik und Zeitnot zu befreien? Wissen Sie genau, was Sie gewinnen können? Sind Sie wirklich entschlossen?

Mithilfe einer einfachen Skala können Sie Ihre Motivation, das heißt Ihre Bereitschaft, tatsächlich etwas zu ändern, prüfen. Die Skala geht von 0 bis 100. 0 bedeutet, dass Sie nicht im Geringsten bereit sind, Ihre Probleme aktiv zu lösen. 100 steht für Ihre absolute Entschlossenheit, Ihre Ziele zu erreichen. In diesem Fall werden Sie so lange nach Wegen suchen und so lange üben, bis Sie es geschafft haben. 50 würde heißen, dass Sie noch nicht wissen, ob Sie etwas tun wollen. Sie sind nicht abgeneigt, aber auch nicht entschlossen.

Schätzen Sie sich ein. Nur wenn Sie, ohne zu zögern, einen Wert von 70 – besser noch 80 – oder mehr angeben können, haben Sie gute bis sehr gute Chancen, schließlich ohne Hektik und Zeitnot zu leben.

# 3. Die Strategien

# Traditionelles Zeitmanagement

## Zeit = Geld?

Zeitmanagement ist nicht neu. Sich in Raum und Zeit zu orientieren, war immer ein Bedürfnis der Menschen. Gut erkennbare Merkmale in der Natur wie Berge, Flüsse, auffällige Bäume, später Kirchtürme halfen ihnen, sich in ihrer Umgebung zurechtzufinden. Mehr und mehr markierten sie die Räume mit Wegzeichen, Straßennamen und Ähnlichem. Sie erfanden Kompasse, Sextanten und heute die Satellitenpeilung, um jederzeit möglichst genau bestimmen zu können, wo sie sich befanden.

Ebenso führten die Menschen Zeitrechnungen ein. Je nachdem, wann sie begannen, welches System sie benutzten und welche Feste sie feierten, haben verschiedene Kulturen auf der Erde heute verschiedene Kalender. Menschen haben von Anbeginn die Natur beobachtet. Der Stand der Sonne und des Mondes sowie der Zyklus der Jahreszeiten ermöglichten ihnen noch vor der Erfindung der Uhr, festzustellen, wie viel Tages-, Monats- und Jahreszeit bereits vergangen war und wie viel noch vor ihnen lag. Sie rechneten in Sonnenaufgängen und zählten die Sommer und Winter. Bauern konnten auf diese Weise Tätigkeiten wie Säen und Ernten festlegen.

Heute ist man in der Lage, Bruchteile von Sekunden zu bestimmen. Man kann sich Wecker und Uhren in jeder Form und Preislage beschaffen. Zeitplansysteme verschiedener Anbieter sollen einem helfen, die Zeit zu managen.

Auch wenn die Spuren sich langsam verwischen, kann man noch deutlich erkennen, dass das traditionelle Zeitmanagement in Wirtschaftsunternehmen entwickelt wurde. Die Mechanisierung der Fabriken verstärkte das Bedürfnis, Produktionsabläufe aufeinander abzustimmen und mehr und mehr Termine zu koordinieren. Jeder bekam einen Terminkalender auf den Schreibtisch oder die Werkbank und hatte seine Arbeiten zu einer bestimmten Zeit zu beginnen und zu beenden.

Die Produktionszeiten wurden mit der Stoppuhr gemessen, die Fließbänder auf ein bestimmtes Tempo eingestellt. Je schneller sie liefen, desto mehr konnte produziert und verdient werden. Zeit wurde Geld.

Pünktlichkeit, Disziplin, Anpassung – alles Tugenden, die ihren Wert hatten und haben – wurden von nun an stark überbewertet. Sie führten auf geradem Weg in die Zwanghaftigkeit. Die Maschine diktierte, der Mensch hatte zu folgen.

Das in der Wirtschaft entwickelte Modell des Zeitmanagements wurde bald auch für das private Leben empfohlen. Seine Prinzipien sind schnell aufgezählt:

1. Fertige täglich, wöchentlich, monatlich und jährlich To-do-Listen an, also Listen mit allen Aufgaben, die man erledigen muss, sollte oder möchte.

2. Teile die Arbeiten nach ihrer Wichtigkeit in die Kategorien A, B, C, D und E ein.

3. Plane die einzelnen Schritte zur Erledigung jeder Aufgabe.

4. Setze dir Termine für die gesamte Aufgabe, aber auch für die einzelnen Schritte.

5. Trage die Termine in einen entsprechenden Kalender ein.

6. Führe jede Aufgabe gewissenhaft und zügig aus.

7. Kontrolliere am Ende des Tages, der Woche, des Monats, des Jahres, ob du alle Arbeiten erledigt hast.

Die beruflichen und privaten Ziele des traditionellen Zeitmanagements entsprachen dem amerikanischen Traum:

1. Millionär werden
2. Millionär werden
3. Millionär werden

Zeit war jetzt auch im Privatleben Geld. Der Privatmensch sollte dieselben Ziele verfolgen wie der Geschäftsmann: reich werden. Die Erfolgsformel lautete einhellig: Zeit = Geld, Geld = Glück.

Leider war diese Art des Glücksstrebens mit enorm viel Stress verbunden. Manch einer opferte für den Karrieretraum seine Gesundheit, seine Beziehungen und paradoxerweise auch sein Glück.

Die enge Stressverbundenheit des traditionellen Zeitmanagements spricht aus fast jedem seiner Prinzipien:

1. To-do-Listen, das bedeutet gleich am Anfang nicht zu fragen: Was möchte ich, sondern: Was muss ich tun, was ist zu erledigen. Der Druck regiert dieses Modell.

2. Die Einteilung der Pflichten in ABCDE-Kategorien funktioniert kaum: A = was muss ich tun, B = was sollte ich tun, C = was ist sonst noch zu tun, D = was kann ich auf andere abwälzen, E = was sollte ich nicht tun.

Es ist müßig, darüber zu philosophieren, was genau A, B, C, D und E bedeuten.

Auch mit der Einteilung der Aufgaben in die Kategorien »wichtig« und »dringend«, die so oft empfohlen wird, wird man nicht wirklich glücklich. Ist die Sache wichtig? Ist sie dringend? Wichtig und dringend? Dringend, aber nicht wichtig? Oder doch eher wichtig, aber nicht dringend? Mit diesen Fragen kann man sich den ganzen Tag beschäftigen.

3. Indem man mit Terminen und Fristen arbeitet, baut man automatisch Spannung und Druck auf, besonders wenn die Termine sehr eng sind.

4. Obwohl Terminkalender eigentlich eine sinnvolle Hilfe sein können, unterstützt ihr übertriebener Gebrauch zugleich eine Zersplitterung des Lebens. Viele verschiedene Ziele und Projekte sind ineinander verschachtelt und werden wie ein Filmdrehbuch abgedreht. Man bündelt Drehorte und Besetzungen, aber der Sinn geht bei der Produktion des Films verloren und entsteht erst wieder – falls alles gut geht –, wenn

die einzelnen Szenen richtig zusammenmontiert werden. To-do-Listen werden abgearbeitet und Aufgaben erledigt, als ob es darum ginge, das Leben zu verwalten und hinter sich zu bringen. Die Freude besteht im Abhaken der Aufgaben und am Abend wird die Strecke gezählt.

5. Die Überbetonung der Selbstdisziplin korrespondiert mit dem puritanischen Ideal harter Arbeit.

6. Die Kontrolle der Aufgabenerledigung am Abend gerät leicht zur Charakterprüfung. Hat man das Soll gewissenhaft geschafft oder ist man ein charakterloser, undisziplinierter Nichtsnutz?

Eigentlich fehlen bei der Anwendung des traditionellen Zeitmanagements im privaten Bereich nur noch die Stechuhr und die Kündigungsdrohung. Aber auch ohne sie enthält dieses Modell genug Elemente, um Schuldgefühle, Hektik und Zeitnot zu erzeugen. Es ist ein perfekter Ausdruck rigider Planwirtschaft, obwohl seine Verfechter empört wären, mit dem einst real existierenden Sozialismus in Verbindung gebracht zu werden.

Für viele Menschen löst das traditionelle Zeitmanagement nicht ihre Zeitprobleme, sondern es ist selbst Teil des Problems geworden.

### Die neue Frühlings-Zeitdiät

Da die Mängel des klassischen Zeitmanagements offenkundig sind und es die Erwartungen vor allem im privaten Bereich nicht erfüllt hat, haben verschiedene Zeitmanagement-Trainer inzwischen versucht, nachzubessern. Das bisherige Modell sollte dabei modernisiert und an aktuelle gesellschaftliche Entwicklungen und individuelle Bedürfnisse angepasst werden.

Nachdem lange Zeit die berufliche Arbeit für die Männer und die Kindererziehung und Hausarbeit für die Frauen als einziger Lebenszweck galten, wuchs die Unzufriedenheit mit dieser einseitigen Lebensweise im selben Maße wie die Produktivität in der Wirtschaft. Die Arbeitszeiten wurden kürzer und Haushaltsgeräte wie Staubsauger, Waschmaschine, Gefrierschrank und Geschirrspüler vereinfachten die Organisation des Haushalts. Karriere und Kinder schlossen sich nicht mehr aus. Das politische und gesellschaftliche Engagement nahm bei vielen Menschen zu. Sie arbeiteten in Parteien, Bürgerinitiativen und gemeinnützigen Organisationen mit. Das Interesse an den etablierten Kirchen ging immer mehr zurück, aber man wollte wissen, was die modernen Psychotherapien und esoterischen Schulen zu bieten haben.

Die Zeitmanagement-Trainer trugen diesen Veränderungen dadurch Rechnung, dass sie nun eine »Work-Life-Balance« in den Vordergrund stellten. Die einseitige Ausrichtung auf die Arbeit sollte abgelöst werden durch einen Interessenmix. Das Ganze hatte aber auch eine Kehrseite. Während man sich früher nur ums Geldverdienen oder die Familie kümmern musste, kamen nun auch gesundheitliche, spirituelle, gesellschaftliche, politische und auf Selbstverwirklichung gerichtete Ziele hinzu. Die Zeit wurde immer knapper und das Leben immer schneller.

Deshalb entdeckten die Zeitmanagement-Trainer – wie andere auch – den Wert der Langsamkeit und sprachen von der Entschleunigung des Lebens. Während sie sich bis dahin vorzugsweise im Business-Anzug mit Krawatte ablichten ließen, lagen sie nun plötzlich in Freizeitkleidung in der Hängematte. An den Ratschlägen des traditionellen Zeitmanagements hatte sich aber im Grunde genommen nicht viel geändert. Nur sollte man seine To-do-Listen nun mit etwas mehr Muße abarbeiten und sich auch freie Zeit gönnen. Genießen wurde jetzt großgeschrieben.

Der neueste Trend im traditionellen Zeitmanagement heißt Vereinfachung. Das ausbalancierte, entschleunigte Leben soll nun auch noch vereinfacht werden. Das klassische Zeitmanagement wird dadurch leider immer komplizierter. Es erinnert inzwischen an die Vielzahl der Diäten, die jedes Jahr neu auf den Markt geworfen werden. Mit der neuen Frühlingsdiät wird gleich auch das neue Zeitmanagement der dritten, vierten, fünften Generation propagiert. Ebenso wie die Diäten wirken auch die Zeitspar-Tipps immer hilfloser. Kein Wunder, denn die eigentliche Ursache der Probleme wird nicht angesprochen.

# Der Yo-Yo-Effekt

Ist es nicht paradox? Immer mehr Diäten werden angeboten, aber die Menschen werden immer dicker. Selbst immer mehr Kinder platzen bald aus allen Nähten. Trotz Joggingbewegung, Frühlingsdiäten, Fettabsaugen und Bodyshaping – das Problem nimmt nicht ab, sondern zu. Es wird immer dicker. Warum bloß?

Auch beim klassischen Zeitmanagement macht sich ein Yo-Yo-Effekt bemerkbar. Zwar mag es das Leben kurzzeitig verbessern, aber nach einer Weile hat man noch weniger Zeit und noch mehr Hektik. Die Work-Life-Balance, die Entschleunigung und Vereinfachung des Lebens: Nichts davon will so richtig gelingen. Was bleibt, ist die Zeitnot. Was macht die Probleme so beständig?

Eigenartigerweise hat es aber immer auch Menschen gegeben, die Zeit haben und schlank sind. Was machen diese Leute anders? Die Psychotherapeutin und Autorin Doris Wolf hat sich mit dem Diätproblem beschäftigt und die Essgewohnheiten schlanker Menschen untersucht. Dabei hat sie vier Dinge festgestellt:

1. Menschen ohne Gewichtsprobleme essen nur, wenn sie Hunger haben.
2. Sie essen nur das, worauf sie Appetit haben.
3. Sie essen bewusst, indem sie darauf achten, was sie essen und wie ihr Körper reagiert.
4. Sie essen nur so lange, bis sie satt sind.

Das heißt, schlanke Menschen quälen sich nicht mit Diäten. Sie zählen keine Kalorien. Sie müssen keine Lebensmittel meiden. Schlanke hungern nicht. Sie essen, was ihnen schmeckt, und fühlen sich nach dem Essen wohl. Klingt traumhaft, nicht wahr?

Was machen nun die anderen? Sie stellen die Grundsätze der Schlanken auf den Kopf: Sie essen nicht nur, wenn sie Hunger haben, sondern dauernd, oft sogar ohne sich dessen bewusst zu sein. Sie essen wahllos, was auf den Tisch kommt, und sie essen ihre Portion auf, egal, ob sie schon satt sind oder nicht.

Essen ist keine Wissenschaft. Es ist nicht kompliziert. Für die Gewichtszunahme gibt es normalerweise nur einen einzigen Grund: die Menge des Essens, vor allem wenn die Speisen und Getränke fett bzw. süß sind. Darf ich Ihnen ein etwas derbes Sprichwort zumuten, das in meiner Familie von meiner Großmutter überliefert wurde? Es heißt: »Wind treibt Sandberge zusammen, aber keine dicken Ärsche.« Offensichtlich wurden die wahren Ursachen des Übergewichts schon vor 100 Jahren geleugnet. Aber der Volksmund scheute sich nicht, dem entschieden zu widersprechen. Etwas dezenter sagt man: von nichts kommt nichts. Wie sollte jemand zunehmen, der sich an die vier Grundsätze der Schlanken hält?

Aber natürlich gibt es noch eine tiefere Ursache dafür, ob sich jemand an die Grundsätze des Essens hält oder nicht. Und es gibt auch eine tiefere Ursache dafür, dass das traditionelle Zeitmanagement inklusive seiner Neuerungen so oft scheitert.

Erinnern Sie sich an den Anfang dieses Buchs, an die vier Edlen Wahrheiten des Leidens? Leiden ist allgegenwärtig. Gier ist seine Hauptursache. Aber das Leiden ist überwindbar, wenn man den richtigen Weg wählt.

Schauen wir uns jetzt genauer an, was dies in Bezug auf Zeitprobleme bedeutet.

# Grundlagen des buddhistischen Zeitmanagements

## Die Wurzel aller Zeitprobleme

Nach Ansicht des Buddha kommt als Ursache der Hektik und der ständigen Zeitnot nur Gier in Betracht, nicht als einzige Ursache, aber als die wichtigste.

Gier ist ein Wort, das sehr stark negativ besetzt ist. Wer möchte schon von sich sagen, gierig zu sein? Gier, das ist maßloses Begehren, heftiges Verlangen.

In der buddhistischen Literatur wird dieser Begriff auch oft mit Durst übersetzt. Es ist ein unstillbarer Durst. So viel man auch trinkt, man wird nie satt. Immer bleibt das Gefühl, noch nicht genug zu haben. Eine tiefe Unzufriedenheit treibt einen an. Man will alles, man will es schnell, man will es sofort.

Der amerikanische Psychologe Albert Ellis ist bei seiner Suche nach der Wurzel aller Neurosen zu einer ähnlichen Erkenntnis gekommen wie der Buddha. Statt von Gier spricht er davon, dass hinter jedem psychischen Leiden ein absolutes Muss steckt. Wer absolute Sicherheit verlangt (die es nicht gibt), lebt in ewiger Sorge. Wer mit Absolutheit verlangt, dass alles nach seinem Willen geht (also Gott spielt), ärgert sich maßlos oder ist maßlos enttäuscht, wenn seine Erwartungen nicht erfüllt werden: »Das DARF NICHT sein!!! Es MUSS alles so sein, wie ICH es will!!! Sonst ist es eine KATASTROPHE!!! Sonst kann ich es NIE

UND NIMMER aushalten. Dann MUSS ich aggressiv, panisch oder depressiv werden.«

Solche Einstellungen erzeugen ständigen Druck. MUSS bedeutet Zwang. Man bildet sich ein, dass es keine Wahlmöglichkeiten gibt, was aber tatsächlich nur selten der Fall ist.

Wie erzeugt man nun Hektik und Zeitnot? Zum Beispiel durch Fristen. Eine bestimmte Sache MUSS bis dann und dann fertig sein. Sonst … siehe oben.

Langsam sickert auch das amerikanische Wort »deadline« für »Frist« in den deutschen Sprachgebrauch ein. Deadline bezeichnete ursprünglich die Linie in Gefangenenlagern, die die Häftlinge nicht überschreiten dürfen. Sonst werden sie erschossen. – Kann man Fristen dramatischer benennen? Um dieser sprachlichen Hysterie gerecht zu werden, müsste man Deadline im Deutschen mit Galgenfrist übersetzen: »Wann läuft die Galgenfrist ab?« Hilfe!

Verräterisch ist auch die Bezeichnung To-do-Liste, auf deutsch: die MUSS-Liste. Ja, was MUSS alles getan werden? Sonst … Sie wissen schon.

Stress wird auch durch folgende Einstellung erzeugt: »Du kannst ALLES haben. Verzichte auf nichts. Du kannst die perfekte Karriere haben, die perfekte Ehe, die perfekte Familie, die perfekte Gesundheit, die perfekte Umgebung, das perfekte Glück, das perfekte Selbst, die perfekte Erleuchtung. Das alles und noch viel mehr kannst du haben. Unter einer einzigen Bedingung: du MUSST von frühmorgens bis spätabends hart dafür arbeiten. Warum willst du dich mit weniger zufriedengeben? Es ist das einzige Leben, das du hast. Du MUSST etwas daraus machen.«

So zu denken ist maßlos: »Du kannst heute ALLES haben, ALLES tun, ALLES wissen, ALLES lernen. Die Welt liegt dir zu Füßen und wartet darauf, dass du zugreifst. Warum tust du es nicht? Willst du zu den VERLIERERN gehören? Nein, du kannst die NUMMER EINS sein, der Beste, die Schönste, der Mächtigste, die Reichste. Du kannst die Welt erobern, die Märkte beherrschen. Tu es!«

»Mach ALLES mit. Sei IMMER auf dem neuesten Stand. Sei ÜBERALL dabei.«

»Du sagst: ein Eis genügt dir? Aber wenn ein Eis gut ist, dann sind zwei Eis besser. Und wenn zwei Eis besser sind, dann sind drei Eis noch besser. Ist doch logisch. Nimm die Literpackung! Zum halben Preis! Nimm, so viel du kriegen kannst. Nimm ALLES!«

»Achte auf den Preis. Je billiger du kaufst, desto MEHR kannst du dir leisten.«

»MEHR, SCHNELLER, GRÖSSER, BESSER, HÖHER, WEITER, SOFORT!!!« Das ist die Haltung der Gier.

## Wohin so eilig?

Die Geschwindigkeit nimmt auf allen Gebieten zu. Es wird schneller produziert, schneller geliefert, schneller informiert, schneller gegessen – um nur ein paar Beispiele zu nennen.

Vordergründig könnte man sagen, dass die Technik eben enorme Fortschritte gemacht hat. Aber was ist die Triebkraft hinter diesen Entwicklungen? Warum bemühen sich die Produzenten überhaupt, Maschinen zu erfinden, die leistungsfähiger sind? Die meisten KundInnen wollen es so. Schneller liefern oder informieren zu können, ist ein Wettbewerbsvorteil. Ohne eine entsprechende Nachfrage würden die Quick-Fast-und-Instant-Angebote bald zurückgehen.

Wieder ist die Gier am Werk, das große Verlangen nach schneller Befriedigung der grenzenlosen Bedürfnisse. Immer mehr Menschen fällt es immer schwerer, zu warten. Die Raserei auf den Straßen und Autobahnen ist ein beredtes Zeichen dafür. Rote Ampeln und Zebrastreifen werden zunehmend als Zumutung empfunden. Deutschland ist eines der wenigen Länder ohne Geschwindigkeitsbegrenzung auf den Autobahnen und stellt seit Jahren den unangefochtenen Weltmeister der Rennfahrer.

Aber auch das Tempo auf den Schienen wurde mit Einführung des ICE, eines Hochgeschwindigkeitszugs, bedeutend erhöht. Flugreisen waren vor wenigen Jahrzehnten noch sehr selten. Heute sind Last-minute-Flugreisen ein ausgesprochener Renner.

Für den Rhythmus der Techno-Musik gibt es keine Entsprechung im menschlichen Körper. Der irrsinnig schnelle Takt kann von SchlagzeugerInnen nicht mehr geschlagen werden. Auch die Körper der HörerInnen sind nicht in der Lage, bei diesem Tempo mitzuschwingen. Aber die Sinne der ohnehin überreizten Menschen scheinen nach immer größerer Geschwindigkeit zu verlangen.

Kennen Sie die folgende Geschichte? Ein Mann mag nicht mehr warten. Er wünscht sich eine Möglichkeit, alle Wartezeiten abzuschaffen. Und tatsächlich wird ihm sein Wunsch erfüllt: Er erhält eine Zauberuhr. Wenn er die Zeiger weiterdreht, kann er die Zeit beschleunigen und auf diese Weise die lästigen Wartezeiten abkürzen. Von nun an macht er eifrig Gebrauch von seiner Zauberuhr – mit dem Resultat, dass sein Leben in drei Wochen zu Ende ist.

Gäbe es diese Zauberuhr, wäre sie mit Sicherheit ein Verkaufsschlager. Jeder würde natürlich behaupten, an den Zeigern nur zu drehen, wenn es unbedingt erforderlich wäre. Aber tatsächlich wären die meisten Leute permanent dabei, die Wartezeiten – und damit ihr Leben – zu verkürzen. Die Gier nach den schönen Momenten ließe sie nicht ruhen. Schon jetzt treibt sie die Menschen – auch ohne Zauberuhr – mehr und mehr zur Eile an.

## Im Zeichen des Adlers

Gier ist nicht allein ein individuelles Phänomen. Sie zeigt sich auch auf der gesellschaftlichen Ebene. Nur trägt sie dort einen anderen Namen: Wachstum. Man kann kaum eine Zeitung aufschlagen oder eine Informationssendung im Radio oder Fernsehen einschalten, ohne sofort auf einen Politiker oder Wirtschaftsmanager zu treffen, der für mehr Wachstum plädiert. Sie reden uns immer wieder ein, dass wir unsere Position auf den Weltmärkten unbedingt ausbauen und in jeder Beziehung größer und schneller werden müssen. Die gebetsmühlenartig vorgetragene Überzeugung lautet: Wir brauchen mehr Wachstum.

Politiker und Wirtschaftsmanager wollen uns auch eintrichtern, dass wir NICHT GENUG arbeiten, produzieren, konsumieren. Sie behaupten, wir könnten unseren Wohlstand nur halten, wenn wir länger und härter arbeiten würden, damit die Wirtschaft wächst. Für fast alle PolitikerInnen und Kaufleute gibt es nur ein Ziel: MEHR Wachstum. Es ist ihr tägliches Glaubensbekenntnis.

Die kollektive Gier ist hervorragend dargestellt in den Staatssymbolen. Sowohl in Deutschland als auch in den Vereinigten Staaten von Amerika ist der Adler das Staatswappen. Bereits der untergegangene Staat Preußen – lange eine der gefürchtetsten Kriegsnationen in Europa – hatte in ihm den passenden Ausdruck seiner Staatsideologie gesehen. Der Adler ziert auch die deutschen Euro-Münzen und den amerikanischen Dollar.

Adler sind Raubvögel. Selbst wenn man heute »political correct« eher von Greifvögeln spricht, läuft es immer auf dasselbe hinaus: Sie machen Beute.

Zum Glück hat sich der ehemalige preußische Adler, der eher wie eine etwas magere, zerzauste Krähe aussah, zu einem dicker gefiederten, wohler wirkenden Vogel gemausert. Wir sind nicht mehr kriegslüstern wie in früheren Zeiten. Aber immer noch leisten wir einen bedeutenden Beitrag zu einer ungerechten Weltwirtschaftsordnung, die es uns erlaubt, auf Kosten vieler Länder Beute zu machen.

Wenn Sie mir nicht glauben wollen, dass wir eine gierige Nation sind, schauen Sie sich einfach um. Überall sehen sie das große Zuviel:

• 49 % der über 18-Jährigen in Deutschland sind übergewichtig oder stark übergewichtig.

• Massen von Autos verstopfen die Autobahnen, Straßen und Fußgängerwege. Es wird in Zweier- und Dreierreihen geparkt. Die Staumeldungen im Radio müssen sich bisweilen auf die allerlängsten Autoschlangen beschränken.

• Dank der Ökobewegung sind wir aber auch ein Volk von RadfahrerInnen. Man sieht es daran, dass zusätzlich zu den vielen Autos jetzt auch noch massenhaft Fahrräder unterwegs sind bzw. geparkt werden.

• Viele Haushalte ersticken langsam, aber sicher an der Masse der gekauften Waren. Keller und Böden sind randvoll, die Schränke quellen über, und die Wohn- und Schlafräume sind vollgestellt mit Möbeln, Haushaltsgeräten und allem möglichen Krimskrams. Zählen Sie einmal allein Ihre Telefone/Handys, CDs, Videos, Schallplatten, Zeitschriften, Bücher, Werkzeuge, Schuhe und Uhren.

Aber wir wissen, was wir am dringendsten brauchen: WACHSTUM!

## Das volle Katastrophenleben

Aufgrund unseres gierigen, verschwenderischen Lebensstils haben wir einen ungeheuren Appetit auf frisches Geld, Rohstoffe und Erdöl. Wir brauchen enorme Mengen an Strom und Benzin.

Wie bei jedem Stoffwechsel scheiden wir natürlich auch viele Abfallprodukte wieder aus. Berge von Müll, Tonnen von Kohlendioxid und Schwefel, Massen von Kuh-, Schweine- und Hühnermist.

Der Einstieg in die Atomenergie kostet uns einen Preis, dessen Höhe wir noch nicht kennen. Im Glauben, wir seien Titanen, haben wir uns auf Zeiträume eingelassen, die jegliches Menschenmaß überschreiten. Radioaktivität braucht sehr, sehr, sehr, sehr lange, um wieder abzuklingen.

Nach dem Reaktorunfall von Tschernobyl waren viele Menschen in heller Aufregung. Inzwischen haben wir uns längst wieder beruhigt. Nur – die wesentlichen, damals freigesetzten Atomstrahlungen sind bisher so gut wie gar nicht zurückgegangen. Die Uhr von radioaktiven Atomen tickt viel langsamer als die von Menschen. Was das angeht, haben wir ein kurzes Gedächtnis, aber Atomkerne vergessen nicht …

Keines der Risiken muss sich verwirklichen, aber

wir leben wegen unserer Gier täglich am Rande des Abgrunds.

## Wo soll das alles enden? – Wieso enden?

Viele Menschen glauben, dass gleich hinter der nächsten Ecke die endgültige Erlösung von allem Leiden liegt. Nur noch ein bisschen mehr Anstrengung, nur noch ein paar Durchbrüche in der Forschung, in der Medizin, dann wird alles gut. Saubere, erneuerbare Wasserstoff-Energie, Heilung aller Krankheiten durch Gentechnologie und neue Medikamente, ewiges Glück durch die Erforschung des Gehirns, die Entdeckung und Entschlüsselung der Glückshormone, Verzögerung und Beendigung des Alterungsprozesses und am Ende womöglich sogar Unsterblichkeit.

Der Flug zum Mond, zum Mars, die Besiedelung des Weltraums – wir kennen keine Grenzen, erreichen auf wunderbare Weise in fernen Universen einen Frieden, der uns auf der Erde bisher nicht möglich war. So jedenfalls der Traum.

Bis es so weit ist, öffnen wir erst einmal alle Läden rund um die Uhr, rund ums Jahr. Wir produzieren Tag und Nacht und schaffen die Feiertage ab. Werden wir den Durchbruch schaffen? Oder wird es nur ein Zusammenbruch?

Es ist nicht möglich, vorauszusagen, wohin die Gier einzelne Menschen und Gesellschaften führen wird. Ein Blick ins Geschichtsbuch zeigt einem jedoch, dass der ungezügelte, entfesselte Liberalismus mehr Menschen unglücklich als glücklich gemacht hat. Die Menschheit befindet sich mitten in einem Lernprozess, und wir dürfen gespannt sein, welche Schlüsse sie aus ihren Erfahrungen ziehen wird.

Der Traum vom grenzenlosen Fortschritt ist so grandios, der Machbarkeitswahn so stark, dass die meisten Menschen sich gerne davon leiten lassen.

Bisher wurde der Fortschrittsglaube aber immer wieder enttäuscht. Neue Erfindungen brachten nicht nur Erleichterungen, sondern auch neue Probleme und neues Leiden mit sich. Einige Plagen der Menschheit wie die Pest verschwanden, aber andere Krankheiten wie AIDS tauchten unerwartet auf.

Könnte es sein, dass es nicht immer besser und besser, sondern nur anders wird? Wiederholen sich die Dinge in immer neuen Formen? Entstehen und vergehen sie, um dann – wie der Buddha lehrte – erneut zu entstehen?

## Lachsbrötchen für alle

Das Weltbild hat einen entscheidenden Einfluss darauf, wie man sich verhält. Glaubt man an den Fortschritt und daran, dass er einen eines Tages von allem Leiden befreien wird, ist man eher bereit, jede Minute dafür zu arbeiten und sich gehörig zu beeilen; denn wer wollte schon die Erlösung von den materiellen, irdischen Problemen verpassen?

Wenn man dagegen annimmt, dass die Dinge sich zwar ständig ändern, aber die Summe der Probleme (und auch der Freuden) in etwa gleich bleibt, kann man sich Zeit lassen. Man muss dann nicht jedem Glücksversprechen hinterherlaufen, weil es sich sowieso meist als Fata Morgana erweist. Was man im ersten Moment für die größte Erfüllung hält, stellt sich oft schon bald als ebenso unbefriedigend, unvollkommen oder unbeständig heraus, wie vieles andere vorher auch.

Die Hoffnung auf die große endgültige materielle Erfüllung ist trügerisch. Das hält aber viele nicht davon ab, danach zu streben, auch wenn es sie viel Zeit und Geld kostet. Ständig spüren sie irgendeinen Mangel, den sie gerade noch eben beseitigen wollen. Selten sind sie zufrieden. Immer wieder fehlt ihnen ein letztes Quäntchen zu ihrem Glück.

Was geht da vor sich? Mehr als die äußeren Umstände ist die innere Einstellung dafür verantwortlich, ob jemand überall Mangel empfindet und ständig mehr möchte oder ob er/sie grundsätzlich zufrieden ist.

Aber wann sagt schon jemand, dass es genug ist? In Deutschland sind heute mehr Menschen materiell abgesichert oder sogar wohlhabend als jemals zuvor. Verglichen mit früheren Zeiten leben heute viele wie die Fürsten. Wer von diesen verfügte schon über eine Zentralheizung, fließend warmes Wasser oder eine Wassertoilette? Wer besaß einen vergleichbaren Bildungsgrad, konnte lesen, schreiben und rechnen? Diese Fähigkeiten waren vor Jahrhunderten nur bei sehr wenigen Gelehrten entwickelt. Welcher König oder Kaiser konnte Flugreisen, Bahn- oder Autofahrten unternehmen? Bestenfalls holperige Pferdekutschen standen ihnen zur Verfügung. Reisen war kein Genuss, sondern eine unangenehme Strapaze. Diese Beispiele ließen sich fortsetzen.

Aber wer sagt: »Genug. Ich bin zufrieden mit dem, was ich habe«? Jammern nicht sogar die erfolgreichsten Unternehmen? Verbreiten sie nicht täglich die Philosophie des Mangels und der Gier? Wann äußern sie sich zufrieden und sagen, dass sie genug verdient haben? Nein, sie vermitteln lieber das Bild der ewig Zukurzgekommenen und verlangen immer mehr. Als gierig werden immer nur die anderen bezeichnet. Das sind aus Sicht der Unternehmer die Arbeitnehmer und aus Sicht der Arbeitnehmer die Unternehmer.

Nur wenige Menschen erkennen, dass eine gierige Einstellung ihnen keine innere Befriedigung verschaffen kann. Selbst wenn alle jeden Tag kostenlos Lachsbrötchen essen könnten, würde dadurch das grundsätzliche Gefühl des Mangels nicht verschwinden. Die Gier ist wie ein Fass ohne Boden. Die ganzen technischen Errungenschaften des 20. Jahrhunderts (Auto, Waschmaschine, TV, Video, Computer etc.) und selbst die gestiegene Lebenserwartung haben uns nicht befriedigen können. Schon diese Tatsache allein sollte uns die Illusion nehmen, dass immer mehr Reichtum,

Informationen oder was auch immer dies jemals bewirken könnten. Je mehr wir uns auch anstrengen, je mehr wir auch arbeiten, je reicher wir auch werden: Den Wettlauf mit der Gier werden wir mit Sicherheit verlieren.

## Materieller Reichtum, spirituelle Armut

Trotz der offenkundigen Aussichtslosigkeit suchen die meisten Menschen ihr Glück noch immer ausschließlich in der Außenwelt. Sie denken, dass es von den Umständen abhängt, ob sie glücklich sind oder nicht. Zwar ist es ihnen noch nicht gelungen, auf diese Weise zufrieden zu werden. Aber das schreiben sie nicht der Richtung zu, in der sie suchen, sondern sie führen es darauf zurück, dass sie noch nicht genug haben. Sie meinen, wenn sie *mehr* hätten, würde sich das Glück doch noch einstellen. Es ist paradox, aber anstatt sich umzublicken und auch in anderen Richtungen zu suchen, sind diese Menschen unbeirrt davon überzeugt, dass *mehr desselben* die Lösung wäre.

Stellen Sie sich einmal vor, Sie sähen einen Autofahrer auf eine Wand zufahren. Von Ihrem Standpunkt aus wäre Ihnen klar, dass er umkehren müsste, weil die Richtung, die er eingeschlagen hat, nur zu einem Unglück führen kann. Er aber ist überzeugt, auf dem einzig richtigen Weg zu sein. Dass er sein Ziel noch nicht erreicht hat, führt er allein darauf zurück, dass er zu langsam fährt. Deshalb beschleunigt er nun seine Geschwindigkeit und rast mit immer höherem Tempo auf die Wand zu.

Mir scheint, dass dieses Bild die gegenwärtige gesellschaftliche und politische Entwicklung zutreffend beschreibt. »Es gibt keine Alternative zu unserem Weg«, rufen die PolitikerInnen uns zu. »Wir müssen uns mehr anstrengen. Wir brauchen mehr Wachstum.« Aber seit Jahrhunderten strengen sich die Menschen an, leisten auf allen Gebieten immer mehr, vergrößern ständig ihren Besitz und ihr Wissen, werden immer schneller, und die Wirtschaft wächst enorm. Trotzdem sind die Menschen nicht so zufrieden, wie man es angesichts ihrer Erfolge erwarten dürfte. Außerdem erzeugt ihr gieriges Verhalten in regelmäßigen Abständen schwere wirtschaftliche und politische Krisen. Macht das Sinn? Wo wollen wir eigentlich hin? Sind wir wirklich auf dem einzig richtigen Weg?

Unsere Gesellschaft ist heute sehr reich, spirituell jedoch sehr arm. Die Überzeugungen von Menschen erkennt man daran, was sie tun, nicht daran, was sie reden. Danach kommt man nicht umhin, festzustellen, dass sehr viele Menschen Geld und Besitz in irgendeiner Form anbeten. Sie streben fast ausschließlich danach, möglichst viel zu verdienen, und sind in Gedanken überwiegend damit beschäftigt, was sie sich als Nächstes kaufen wollen.

Die herrschende Religion ist der Materialismus. Das spirituelle Glück, das die Religionsstifter und MystikerInnen aller Zeiten beschrieben haben, ist den meisten

Menschen weitgehend fremd. Sie kennen nur die Außenwelt, die materiellen, greifbaren Dinge. Dort allein suchen sie das Glück. Sie sind von der attraktiven Oberfläche der Dinge so angezogen und mit den vielfältigen verlockenden Angeboten so sehr beschäftigt, dass die Zeit, die sie täglich zur Verfügung haben, nicht ausreicht, um alles mitmachen und erleben zu können.

Das selige Lächeln des Buddha deutet dagegen darauf hin, dass es noch eine andere Quelle für Glück geben muss; denn er lebte nahezu besitzlos und war im wörtlichen Sinne bettelarm. Er erbat sich täglich sein Essen von seinen Mitmenschen, denen er dafür seine Lehre von der Überwindung des Leidens darlegte, sofern sie daran interessiert waren.

Der Buddha hatte bei seiner Suche nach einem beständigen, vollkommenen Glück entdeckt, dass die so sehr ersehnte Seligkeit nur im Inneren zu finden ist.

Gier, die Hauptwurzel des Leidens, entsteht durch bestimmte Gedanken und Überzeugungen. Deshalb sah der Buddha die Schulung des Geistes als unerlässlich für die Erlangung inneren Glücks an. Außerdem hatte er in der Meditation einen weiteren Weg gefunden, unabhängig von den Umständen und der Menge des Besitzes eine tiefe innere Zufriedenheit zu empfinden.

In den etablierten Kirchen findet man heute sehr wenig spirituelle Praxis. Die einstmals auch im Christentum gepflegte Übung der Meditation ist weitgehend verloren gegangen. Auch die Kirchen sind dem Materialismus erlegen. Sie haben ihre Gebetsräume mit Gold ausgekleidet und großen Wert darauf gelegt, viel Geld und Macht zu bekommen. Menschen, also auch Mönche und Priester, neigen dazu, der Verlockung von Geld, Sex und Macht nachzugeben und sie als allein selig machend zu betrachten. Diese Gefahr der Verführung ist in religiösen Überlieferungen oft sehr dramatisch in den Gestalten von Teufeln oder Schlangen dargestellt worden.

Neben der materiellen Fülle herrscht eine große spirituelle Leere, die weitreichende Konsequenzen hat. Eine davon ist der negative Umgang mit großen und kleinen Veränderungen.

## Die Bedeutung von Veränderungen

Schon Kinder wissen, dass das Leben vergänglich ist. Die Zeit jedes Menschen läuft unaufhaltsam ab. Trotzdem stemmen sich die meisten Menschen gegen diese Erkenntnis. Der Tod wird tabuisiert. Er wird mit Schmerz, Angst und Trauer, oft auch mit Verzweiflung und Sinnlosigkeit assoziiert. Er wird mit allen Mitteln bekämpft. Es gibt wohl kaum etwas anderes, dem so viel Widerstand entgegengesetzt und was so wenig akzeptiert wird. Anders als man es in vielen Todesanzeigen liest, kommt der Tod nicht »plötzlich und unerwartet«. Er gehört vielmehr zu den wenigen Tatsachen, auf die man sich mit Gewissheit verlassen kann.

Da nach buddhistischer Auffassung jedes Leiden durch Gier entsteht, ist auch das Leiden am Tod durch Gier, die Gier nach dem Leben, bedingt. Nicht der Tod, nicht die Veränderung an sich ist leidvoll. Erst das heftige Festklammern an der Vergangenheit und Gegenwart verursacht den Schmerz. Wer dagegen bereit ist, immer wieder loszulassen, und dem Fluss des Lebens vertraut, auch über das Leben hinaus, ist in Sicherheit.

Hier rächt sich die einseitige materielle Ausrichtung. Wer seine Sicherheit nur auf Besitz, Ansehen und Macht gründet, verliert angesichts von Veränderungen, die diese Werte betreffen, buchstäblich den Boden unter den Füßen. Im spirituellen Sinne hat derjenige auf Sand gebaut. Solche Menschen sind innerlich nicht stabil genug, um äußere Veränderungen zu bejahen und unabhängig von den Umständen glücklich und gelassen zu bleiben.

Die Gier richtet sich stets auf das, was für angenehm gehalten wird, während der Hass sich auf alle als unangenehm wahrgenommenen Dinge bezieht. Das Leiden am Tod entsteht auch deshalb, weil er selbst und die Zeit danach für unangenehm gehalten wird, obwohl man mangels Erfahrung überhaupt nichts darüber weiß. Es handelt sich um reine Vermutungen. Dagegen wird das Leben ausschließlich als angenehm betrachtet, obwohl man in diesem Fall genau weiß oder doch bei genauerem Nachdenken wissen könnte, dass das Leben nicht nur angenehm ist.

Das Leben ist ein fließender, wandelbarer Prozess. Alles ändert sich früher oder später. Auch die eigene Person, das Aussehen, die Fähigkeiten, das Denken, Fühlen und Verhalten sind in ständiger Bewegung. Deshalb ist es besser, die eigene Identität nicht als beständig anzusehen. Sonst handelt man sich bei Veränderungen Probleme ein. Wer sich beispielsweise vollkommen mit seinem Beruf identifiziert, gerät in Schwierigkeiten, wenn er ihn verliert: »Ich bin Architektin!«, aber was bin »ich«, wenn ich nicht mehr »Architektin« bin?

Identitätsprobleme lassen sich vermeiden, wenn man in Bezug auf sein Denken, Fühlen und Handeln offen für Veränderungen bleibt und sich selbst als im Fluss, in kontinuierlicher Veränderung begreift: »Ich plane und baue zurzeit Häuser«, diese Aussage lässt offen, was man sonst noch tut oder tun könnte und was danach kommt.

Wenn Sie Ihre Kinderfotos betrachten, werden Sie zugeben müssen, dass Sie heute anders aussehen als damals. Niemand bleibt sich gleich. Unsere Lebensläufe bestehen aus vielen kleinen und großen Ereignissen, die wir zu den verschiedensten Geschichten zusammensetzen können (ich als Gewinnerin, Verliererin, Freund, Feind, Mutter, Vater usw.).

Im Grunde genommen ist jede Veränderung ein kleiner Tod. Wie wir sie erleben, hängt von unserer Einstellung ab. Wir fürchten Veränderungen, wenn wir die Zukunft negativ sehen und uns an die einseitig positiv bewertete Gegenwart und Vergangenheit klammern. Vergangenheit und Zukunft sind geistige Dimensionen der Zeit. Wie wir sie uns vorstellen, bestimmt darüber, wie wir uns fühlen.

# Geistestraining und Meditation

## Zwei Übungswege

Auf seiner Suche nach einem Ausweg aus dem Leiden hat der Buddha zwei extreme Erfahrungen gemacht. Als Kind wuchs er in einer Umgebung auf, in der es ihm materiell an nichts mangelte. Auch wenn die Legende seine Herkunft gelegentlich reicher und prächtiger erscheinen lässt, als sie wohl tatsächlich war, so war sein Vater doch gewiss ein reicher Mann mit umfangreichem Landbesitz und einigen Dienern. Diese im Vergleich zu den Wohnungen anderer Menschen luxuriöse Umgebung vermochte Siddhartha Gautama, der nach seiner Erleuchtung der Buddha genannt wurde, tief im Inneren nicht zufriedenzustellen. Als aufmerksamer Beobachter hatte er schon früh gesehen, dass Reichtum niemanden vor Alter, Krankheit und Tod schützen kann. Noch so viel materieller Besitz kann einen nicht glücklich machen; denn auch sehr wohlhabende Menschen leiden. Der Buddha erkannte daher bereits als junger Mann, dass Reichtum nicht das Ziel des Lebens sein kann.

Kurz nach der Geburt seines Sohnes verließ er seine Familie und erfüllte seinem Vater nicht den Wunsch, seine Nachfolge anzutreten. Stattdessen lernte er bei zwei Lehrern, wie man meditiert. Die Meditation verschaffte ihm zwar eine vorübergehende Befreiung vom Leiden. Dies reichte ihm jedoch nicht aus. Deshalb schloss er sich einer Gruppe von Asketen an. Sie lehrten, dass die vollkommene Freiheit nur durch Schmerz und völliges Entsagen zu erlangen sei.

Obwohl Siddhartha seinen Körper bis zum Äußersten quälte und dieser schließlich fast nur noch aus Haut und Knochen bestand, erreichte er dadurch sein Ziel nicht. Er begriff, dass durch derartigen Mangel keine Befreiung vom Leiden möglich ist. Siddhartha hatte nun die beiden Extreme – großen materiellen Wohlstand und große materielle Armut sowie die dazugehörigen Erfahrungen – kennengelernt. Keines von beiden hatte ihn zufriedengestellt. Daraus zog er den Schluss, dass nur die Vermeidung der Extreme, also der Mittlere Weg, ihn zu seinem Ziel führen konnte. Außerdem wusste er nun, dass das Glück und inneres Wohlbefinden nur im Inneren gefunden werden kann, wenn auch nicht allein in der Meditation.

Siddhartha erinnerte sich daran, dass er als Kind in einer schönen Landschaft, im Schatten unter einem Baum sitzend, sehr glücklich gewesen war. Deshalb suchte er sich eine Gegend, die ihm genauso gefiel, und dachte gründlich über seine Erfahrungen nach. Dabei stellte er fest, dass vor allem fünf Hindernisse dem inneren Glück im Wege standen: Gier, Hass, geistige Trägheit, Aufgeregtheit und Zweifel. Diese galt es zu überwinden.

Weniger durch eine einzelne plötzliche Erleuchtung – wie es die Legende schildert – als vielmehr durch eine Reihe von Erkenntnissen und durch viel

Übung gelang es Siddhartha Gautama, sich für immer vom Leiden zu befreien. Er war zum Zeitpunkt seiner befreienden Erkenntnisse 35 Jahre alt. In den darauffolgenden viereinhalb Jahrzehnten bis zu seinem Tod gab er seine Kenntnisse und Erfahrungen an andere weiter. Seine Lehre wurde von vielen Menschen auf Anhieb verstanden. Nicht jeder war jedoch bereit, so konsequent zu üben wie Siddhartha. Die starke innere Zufriedenheit, die er ausstrahlte, sein Lächeln und seine Gelassenheit sprachen sich aber schnell herum, sodass er zahlreiche AnhängerInnen gewann. Sie nannten ihn den Buddha, das heißt: den Erleuchteten.

Im Laufe von 25 Jahrhunderten, die seitdem vergangen sind, hat sich die Lehre des Buddha über den gesamten Erdball verbreitet. Sie ist dabei unterschiedlich interpretiert worden und den verschiedenen kulturellen Bedürfnissen der Menschen angepasst worden. Man kann heute mehrere Hauptrichtungen des Buddhismus unterscheiden: Theravada, Mahayana, tibetischer Buddhismus und Zen. Diese Aufsplitterung ist normal und bei jeder alten Religion oder Schule, egal, welcher Art, festzustellen.

Auch der Buddhismus kann den Merkmalen, die der Buddha bei allen Daseinsformen bemerkt hat, nicht entgehen: Er ist im Fluss, und er ist nicht vollkommen. Dennoch bieten die verschiedenen buddhistischen Richtungen eine Fülle nützlicher Gedanken und Übungen. Man darf dabei nur das ursprüngliche Ziel nicht aus den

Augen verlieren: die Überwindung des Leidens. Der Buddha selbst hat allen ZweiflerInnen gesagt, wie sie jede Lehre testen können: Man möge sie ausprobieren und alles benutzen, was einem hilft, und den Rest vergessen. Ebenso hat er immer wieder betont, dass er den anderen nur den Weg weisen könne. Gehen müsse ihn jeder allein.

In diesem Buch interpretiere ich den Buddhismus so, dass er eine Hilfe zur Überwindung von Hektik und Zeitnot darstellen kann. Wesentliche Teile dieser Lehre scheinen mir mit den Erkenntnissen moderner Psychologie, insbesondere der Kognitiven Verhaltenstherapie und der Rational-Emotiven Verhaltenstherapie, vereinbar. Die Ursachen des Leidens, die der Buddha genannt hat, nämlich Gier, Hass, Aufgeregtheit und Zweifel, sind mit bestimmten Gedanken verbunden. Bestimmen die dem Glück schadenden Gedanken das Verhalten, werden sie also zu trägen Gewohnheiten des Denkens, Fühlens und Handelns, so entstehen die verschiedenen Formen des Leidens, zu denen auch Hektik, Stress und Zeitnot gehören. Die Kognitive und die Rational-Emotive Verhaltenstherapie haben die verschiedenen, Leid verursachenden Gedanken im Einzelnen untersucht und Alternativen gefunden. Entwickelt man neue Denk- und Verhaltensgewohnheiten, so löst sich auch das Leiden nach und nach auf.

Ein angesehener amerikanischer Arzt und Wissenschaftler, Herbert Benson, hat eine einfache Form der

Meditation entwickelt, die sich als wirksame Hilfe gegen Stress erwiesen hat. Er fand heraus, dass der Körper auf belastende Umstände nicht zwangsläufig mit Stress reagieren muss, sondern dass auch – wie Benson es nannte – eine »Entspannungsreaktion« möglich ist. Mit einer einfachen Form der Meditation kann man diese Entspannungsreaktion üben und in den Alltag integrieren. Bei regelmäßiger, das heißt täglicher Anwendung baut man sogar eine Art Schutzwall gegen Belastungen auf.

Meditation und Geistestraining waren die beiden Übungswege, die dem Buddha geholfen haben, sich vom Leiden zu befreien. Er hat sie als eine Hilfe für jeden und alles bezeichnet. Deshalb ist es eigentlich kein Wunder, dass die moderne Wissenschaft diese beiden Übungswege neu entdeckt und uns in einer verständlichen Sprache zugänglich gemacht hat.

## Haben oder Sein

Der Mittlere Weg, den der Buddha entdeckt hat, löst auch den Widerspruch auf, der oft zwischen Haben oder Sein gesehen wird. Reichtum, der im Westen als so überaus erstrebenswert gilt, ist ein extremer Weg. Besonders wenn er auf Gier beruht und nach immer mehr verlangt, bringt er mehr Unglück als Glück.

Die Alternative zu Reichtum und Luxus heißt weder Armut noch Askese. Alles-oder-nichts ist ein typischer Denkfehler. Er wird auch oft als rhetorisches Mittel eingesetzt: »Ja, wollen Sie denn lieber zurück in die Steinzeit?« Das ist Unsinn.

Es geht vielmehr darum, sich von der Gier zu lösen und sowohl Luxus als auch Armut zu meiden. Der Weg zu Glück und Zufriedenheit ist ein innerer Weg. Er kann durch materiellen Reichtum nicht ersetzt werden. Wer dies meint – und das sind in unserer Kultur viele –, ist auf einem Irrweg. Der Versuch, einen äußeren Ausweg aus dem inneren Leiden zu finden, ist zum Scheitern verurteilt. Er beruht auf falschen Vorstellungen darüber, was Geld vermag.

Aber auch wer das Sein – hier verstanden als der innere Weg des Geistestrainings und der Meditation – überbetont, verfehlt sein Ziel. Inneres Glück kann nicht mit einem Körper erfahren werden, der aus dem Gleichgewicht geraten ist. Es kann auch nicht in einer verwahrlosten Umgebung verwirklicht werden.

Nur die Balance zwischen Innen und Außen, Armut und Reichtum, Haben und Sein ermöglicht den ungehinderten Weg zu innerem Frieden und Glück.

## Meditation:
### die Verbindung mit dem Sein

Schauen wir uns den ersten Übungsweg an, mit dessen Hilfe man sich von Hektik und Zeitnot befreien kann.

Bevor wir lange darüber reden, empfehle ich Ihnen, es gleich einmal auszuprobieren. Lesen Sie die folgende kurze Anleitung, legen Sie anschließend das Buch für 10 Minuten weg, und finden Sie heraus, ob diese Übung Ihnen zusagt. Und so geht es:

1. Sorgen Sie dafür, dass Sie für 10 Minuten nicht gestört werden. Schalten Sie das Telefon ab und hängen Sie ein Schild: »Meditiere gerade – Bitte nicht stören« vor die Tür.

2. Setzen Sie sich so hin, dass Sie bequem 10 Minuten still sitzen können.

3. Schließen Sie die Augen.

4. Spüren Sie Ihren Körper. Wandern Sie einmal in Gedanken durch Ihren Körper. Die Reihenfolge, ob vom Kopf zu den Händen und Füßen oder umgekehrt, ist egal. Es geht nur darum, dass Sie sich für einen Moment entspannen, so gut es Ihnen gerade möglich ist.

5. Entscheiden Sie sich für eine Silbe, ein Wort oder einen kurzen Satz, auf den Sie sich in den nächsten 10 Minuten konzentrieren wollen. Es ist vollkommen egal, was Sie wählen. Es funktioniert mit jeder Silbe, jedem Wort oder Satz.

Sie können sich auch einfach auf Ihren Atem konzentrieren. Fühlen Sie das Einatmen, das Ausatmen und eventuell die kleine Atempause nach dem Ausatmen. Es ist vollkommen egal, wie Sie gerade atmen, ob kurz, lang, schnell oder langsam. Beobachten Sie den Atem einfach, wie er im Moment kommt und geht.

6. Jedes Mal, wenn Sie ausatmen, sprechen Sie innerlich, also lautlos, Ihre Silbe, Ihr Wort oder Ihren Satz.

Falls Sie Ihren Atem als das gewählt haben, worauf Sie sich konzentrieren wollen, dann beobachten Sie einfach Ihren Atem. Das ist alles!

7. Falls Sie merken, dass Sie aufgehört haben, Ihre Silbe bzw. Ihr Wort oder Ihren Satz zu sprechen, fangen Sie wieder damit an. Dasselbe gilt für den Atem. Sobald Sie merken, dass Sie mit Ihrer Aufmerksamkeit nicht mehr dabei sind, fangen Sie wieder an, Ihren Atem zu fühlen.

8. Nach 10 Minuten beenden Sie die Übung. Sie können noch einen Moment so sitzen bleiben, und dann öffnen Sie wieder die Augen.

Wie bekommen Sie heraus, ob Sie die Zeit einhalten? Entweder schauen Sie zwischendurch kurz mal auf Ihre Uhr oder Sie verlassen sich auf Ihre innere Uhr. Es kommt nicht auf die genaue Minutenzahl an.

Das Wunderbare an dieser Übung ist, dass es kein Richtig und kein Falsch gibt. Egal, wie Sie es machen, Sie bekommen keinen Preis dafür, aber auch keine Strafe. Sie machen es einfach so, wie Sie es machen. Jedes Mal, wenn Sie die Übung wiederholen, wird es genauso sein wie beim Mal davor oder anders. Nehmen Sie es, wie es kommt. Sie können auch Ihr Wort, Ihre Silbe oder Ihren Satz nach jeder Übung ändern. Aber fangen Sie nicht während der Meditation an, darüber nachzudenken, ob Ihnen das Wort gefällt. Bleiben Sie für den Moment dabei und ändern Sie es beim nächsten Mal, wenn Sie wollen.

Über Meditation sind Tausende von Büchern und Artikeln geschrieben worden. Die Vielzahl der Möglichkeiten täuscht darüber hinweg, dass es immer wieder auf dreierlei hinausläuft:

- eine angenehme Umgebung
- eine bequeme Haltung und
- die Wiederholung einer bestimmten Aktivität, z. B.

das Sprechen eines Wortes oder die Beobachtung des Ein- und Ausatmens. Wiederholung darf man hier ruhig im Wortsinne (wiederholen) verstehen; denn im Laufe von 10 Minuten verliert man die Konzentration auf das ausgewählte Objekt. Man beginnt über irgendetwas nachzudenken, ohne sich dessen bewusst zu sein. Bemerkt man es, nimmt man die ursprüngliche Tätigkeit einfach wieder auf.

Wie überall im Leben, kann man auch bei den Meditationslehrern autoritäre und tolerante Menschen unterscheiden. Die einen bestehen auf einer ganz bestimmten »heiligen« Silbe, auf einer genau festgelegten Sitzhaltung oder auf traditionellen Ritualen. Sie behaupten, dass ihre Methode die allein selig machende ist. Die anderen – so wie ich – sehen Meditation etwas entspannter. Die meisten Rituale verursachen eher Leid, weil sie mit Gier, mit dem Gedanken »So MUSST du das machen«, verbunden sind, und jede kleine Abweichung als schlimmer Fehler angesehen wird. Eine derartige Einstellung ist kontraproduktiv. Meditation ist eine Übung des Loslassens. Auch die

Haltung »Meins ist besser als deins« hat mehr mit Konkurrenz als mit Wahrheit zu tun.

Der bereits zuvor erwähnte Herbert Benson hat die Meditation lange erforscht und festgestellt, dass mit Ausnahme der drei Elemente Umgebung, Haltung und Wiederholung nichts weiter erforderlich ist, um die Entspannungsreaktion auszulösen. Die segensreichen Wirkungen für Körper und Geist treten unabhängig von traditionellen Ritualen ein. Den größten Fehler, den man überhaupt machen kann, besteht darin, nicht zu meditieren. Das Wie ist – mit Ausnahme der drei genannten Elemente – nicht so wichtig.

Meditation ist das Einfachste auf der Welt. Manche liegen einfach auf dem Bett und dösen eine halbe Stunde, ohne zu wissen, dass es sich dabei um Meditation handelt. Die Bezeichnung ist nicht wichtig. Rituale sind nicht wichtig. Entscheidend ist das Loslassen. Dabei stellt sich manchmal ein Gefühl des Wohlbehagens ein. Manchmal; denn man kann die Entspannungsreaktion nicht herbeizitieren. Darin ähnelt sie dem Einschlafen, das sich ebenso wenig erzwingen lässt. Alles, was man tun kann, ist, sich mit einer leicht passiven Haltung auf das Meditationsobjekt zu konzentrieren und alles andere, was die Meditation zu stören scheint, immer wieder freundlich, aber bestimmt innerlich loszulassen.

Wie lange man meditiert, bleibt einem selbst überlassen. Für den Buddha war es eine seiner Lieblingsaktivitäten. Aber ein- bis zweimal am Tag für 10–20 Minuten reichen aus, um die Entspannungsreaktion mit ihren wohltuenden Folgen hervorzurufen. Manchmal ist es auch günstig, über den Tag verteilt je nach Bedarf für einige Momente, vielleicht 2–3 Minuten, zusätzlich zu meditieren. Der Plan könnte so aussehen, dass man morgens mit 10 Minuten beginnt, dann ab und zu für 2 Minuten abschaltet und sich eventuell abends noch einmal 10 Minuten gönnt.

Betrachten Sie Meditation nicht als etwas, das Sie neben den vielen anderen Pflichten jetzt auch noch ihrem Leben hinzufügen MÜSSEN. Im Gegenteil, es kann der Beginn sein, loszulassen, das große Zuviel auf ein angenehmes Maß zurückzuführen und zu entdecken, dass man nicht immer etwas tun muss, um das Leben zu genießen. Meditation ist eigentlich ein Nicht-Tun, vergleichbar mit dem Schlaf. Schlafen kann man auch nicht machen. Man lässt es einfach geschehen, und es tut einem gut.

Auch wenn 10 Minuten nicht viel zu sein scheinen, so können sie einem doch wie eine Ewigkeit vorkommen. Das passiert, wenn man vergisst, sich auf sein Meditationsobjekt zu konzentrieren, und stattdessen ungeduldig wartet, dass die Zeit endlich um ist. So ist es auch im Alltag. Immer wenn man lieber woanders wäre, scheint die Zeit stehen zu bleiben. Aber das Gefühl von Ewigkeit entsteht auch, wenn man ganz in der Sache aufgeht, also unangestrengt konzentriert ist.

In der Meditation können Sie – vielleicht nach langer Zeit zum ersten Mal – wieder erfahren, wie es sich anfühlt, ohne Hektik und Zeitnot zu sein. Keine Gier, kein Hass, kein Muss, kein Darf-nicht – nur Gelassenheit und Wohlbefinden.

## Geistestraining: mit Gedanken und Gefühlen umgehen können

Der zweite Übungsweg, der zu mehr Zeit und weniger Stress führt, ist das Geistestraining. Während Meditation auf das Loslassen der Gedanken zielt, macht das Geistestraining das genaue Gegenteil. Es richtet das Bewusstsein auf die Gedanken, untersucht sie und ersetzt alle Überzeugungen, die Zeitnot und Stress zur Folge haben, durch bessere Alternativen.

Wir haben im vorigen Kapitel gesehen, in welchem Umfang Gier dafür verantwortlich ist, dass einzelne Menschen, aber auch ganze Gesellschaften, immer schneller, immer öfter, immer mehr haben wollen. Für die begehrten schönen Dinge und angenehmen Erlebnisse braucht man jedoch Zeit. Je intensiver man nach immer mehr strebt, desto knapper wird die Zeit, die einem zur Verfügung steht. Das Wesen der Gier ist es, nichts loslassen zu wollen und nach immer mehr zu schnappen. Auf diese Weise türmen sich die Begierden, Sehnsüchte und Interessen zu beachtlichen Bergen, unter deren Last man schließlich zunehmend leidet. Was am Anfang harmlos beginnt, wächst sich zu einer Lawine aus, die einen langsam, aber sicher überrollt. Die Folgen kann man überall sehen und spüren:

zu wenig Zeit, zu wenig Platz, alles zugebaut, zugeparkt, kaum Grünflächen, die Wohnungen dicht möbliert, die Terminkalender voll.

Menschen scheinen dazu zu neigen, gierig zu sein. Aber diese Neigung allein ist es nicht. Unaufhörlich sind wir einer Gehirnwäsche ausgesetzt, die uns glauben machen will: Gier ist geil. Jede Werbung und Propaganda, die »mehr«, »schneller«, »größer« zum Inhalt hat, stachelt die Gier an.

Will man sich davon befreien, muss man diese Botschaften infrage stellen und durch bessere ersetzen. Da die Gier im Inneren seine Wurzel hat, kann man sie auch nur dort ändern.

Das Geistestraining umfasst drei Hauptschritte: Achtsamkeit, Abwägung und Alternativen. Achtsamkeit genießt im Buddhismus einen hohen Stellenwert. Der voll bewusste Mensch ist sein Ideal. Worauf richtet dieser seine Aufmerksamkeit? Insgesamt auf vier Punkte: Achtsame Menschen sind sich erstens ihres Körpers bewusst. Sie wissen, wie sie atmen, wie sie gehen, sitzen, stehen und liegen. Bei ihrem Tun sind sie in Gedanken ganz bei der Sache. Sie schweifen nicht ab. Bewusste Menschen kennen zweitens ihre Gefühle, wissen, wie sie entstehen und wieder vergehen. Sie nehmen drittens wahr, was ihnen durch den Kopf geht, und können ihre Fantasien und inneren Gespräche bei Bedarf stoppen und in eine andere Richtung lenken. Viertens sind sie sich auch ihrer Umwelt und ihrer Mitmenschen bewusst. Sie handeln mit

Umsicht und kennen die direkten und indirekten Wirkungen ihrer Umgebung auf ihre Person und umgekehrt.

Da der Körper, die Gefühle, die Gedanken sowie die Umwelt sehr komplex sind und auch die Achtsamkeit Schwankungen unterworfen ist, ist es ausgeschlossen, alles immer mit höchster Aufmerksamkeit wahrzunehmen. Viele Zusammenhänge im menschlichen Körper und Geist sowie in der Umwelt sind in ihren Einzelheiten bisher unbekannt und auch heute nur teilweise Gegenstand wissenschaftlicher Forschungen. Deshalb ist 100%ige Bewusstheit ein unerreichbares Ideal.

Um aber die größten Probleme zu lösen und die meiste Zeit glücklich und gelassen zu sein, reicht bereits ein normaler Grad an Aufmerksamkeit. Was uns an dieser Stelle besonders interessiert, sind die Gefühle und Gedanken. Es lohnt sich, sie von Zeit zu Zeit bewusst wahrzunehmen, um sich gar nicht erst in Schwierigkeiten zu verstricken. Bei Stress und Zeitnot wird die Betrachtung der Gefühle und Gedanken sogar zur Notwendigkeit. Wenn Sie sich angewöhnen, in schwierigen Momenten die Aufmerksamkeit nach innen zu lenken, so ist dies der erste Schritt zur Auflösung des Leidens.

Bei Stress und Zeitnot schreiben Sie die Gedanken, die Ihnen durch den Kopf gehen, am besten auf; denn sonst entgehen die wichtigsten Stressgedanken Ihrer Aufmerksamkeit.

Prüfen Sie jeden Ihrer Gedanken sorgfältig. Dies ist der zweite Schritt bei der Betrachtung der Gedanken. Sie werden feststellen, dass es in einer bestimmten Situation immer nur wenige Überlegungen sind, mit denen Sie sich das Leben schwer machen. Die Zahl der Stressgedanken ist also durchaus überschaubar.

Finden Sie die Gedanken heraus, die Ihren Stress und Ihre Zeitnot verursachen. Achten Sie besonders auf solche Überlegungen, die ein Muss beinhalten. Sie stellen den Kern der Gier und damit der Leidentstehung dar. Überzeugen Sie sich davon, dass Sie nicht immer alles unbedingt haben, machen und erleben müssen.

Fragen Sie sich, ob Ihnen Ihre Gedanken helfen, Stress und Zeitnot zu vermeiden. Würden Sie einem Freund oder einer Freundin raten, ebenso zu denken wie Sie? Wo steht geschrieben, dass sich alle Ihre Wünsche erfüllen müssen? Wer sagt, dass Sie bestimmte Dinge unbedingt haben, erleben oder tun müssen?

Machen Sie sich klar, dass Sie die Verantwortung dafür tragen, was Sie denken, fühlen und tun. Niemand kann Ihre Zeit beanspruchen – nicht einmal Sie selbst –, wenn Sie es nicht zulassen. Ihr Denken entscheidet darüber, ob Sie viel oder wenig Zeit, viel oder wenig Stress haben.

Der letzte Schritt im Geistestraining ist auf das Finden anderer Gedanken gerichtet. Dadurch, dass Sie Ihre Stressgedanken infrage gestellt haben, sind Sie »nachdenklich« geworden und nicht mehr 100%ig

von der Richtigkeit des unbedingten Müssens überzeugt.

Welche Überlegungen würden Ihnen nun helfen,
mehr Zeit und weniger Stress zu haben? Könnte das
Gegenteil von dem, was Sie bisher für richtig hielten,
der Schlüssel zur Lösung Ihrer Probleme sein? Woran
müssten Sie glauben, damit Sie Ihre Zeitziele erreichen?

Suchen Sie nach Alternativen zu Ihrem bisherigen
Denken und Verhalten. Und trainieren Sie dieses neue
Denken und Handeln. Geistestraining ist wörtlich zu
nehmen. Wie beim Training des Körpers ist es not-
wendig, täglich zu üben, sonst verliert man das Erreichte wieder. Beim Geistestraining bauen Sie zwar
keine Muskeln ab, wenn Sie nicht üben, aber Sie vergessen Ihre neu gewonnenen Erkenntnisse schnell
wieder und verfallen in alte Gewohnheiten. Die anderen, die Ihnen täglich einreden, dass man *mehr* Geld,
Besitz, Informationen, Spaß haben *müsse*, ruhen auch
nicht. Sie warten darauf, dass Sie mit Ihrem selbst-
ständigen Denken nachlassen. Bevor Sie eine neue
Gewohnheit entwickelt haben, die Sie automatisch
davor bewahrt, sich zu überlasten, ist ständige Achtsamkeit unverzichtbar.

Erinnern Sie sich an die TIC-TOC-Methode aus dem
Kapitel über die Motivation (siehe »Die Lebensgeister
wecken«)? TIC steht für »task interfering cognitions«,
also motivationshemmende Gedanken, TOC für »task
oriented cognitions«, motivationsfördernde Gedan-

ken. Man tauscht die TICs gegen die TOCs aus. Beim Geistestraining geht es um dasselbe Prinzip. Überlegungen, die dazu führen, dass der Terminkalender vollgestopft ist, ersetzt man durch Gedanken, die dafür sorgen, dass man wenig Stress und viel Zeit hat. Wenn Sie wollen, können Sie die Abkürzung TIC in diesem Zusammenhang als »time interfering cognitions« verstehen und TOC als »time oriented cognitions«.

Beispiele für Überlegungen, die Ihren Terminkalender füllen bzw. Zeitstress verursachen, wären z. B.:

- Ich *muss* erst dieses tun, dann *muss* ich noch jenes tun, und dann auch noch …

- Es ist *ganz außerordentlich* wichtig, dass ich an … (diesem Meeting, Kongress, Geburtstag, Treffen usw.) teilnehme.

- Ich will heute *unbedingt* noch …

- Ich *könnte es nicht ertragen*, wenn ich … verpassen würde.

- Es wäre eine *Katastrophe*, wenn ich bei … nicht dabei wäre.

- Ich könnte *schnell noch* …

- Ich darf *auf keinen Fall* … (diesen Film, diese Verabredung, diese Reise, dieses Erlebnis, diese Party usw.) versäumen.

- Wenn ich diese Aufgabe nicht bis heute Abend schaffe, bedeutet das, dass ich ein *Versager*/eine *Versagerin* bin.

- Ich *muss* in 5 Minuten dort sein.

- Ich kann *auf keinen Fall* warten.
- Warum braucht dieser *Idiot* so lange? Warum steht die Ampel *schon wieder* auf Rot? Warum geht es jetzt nicht weiter? Ich habe es *furchtbar* eilig und kann *unter keinen Umständen* auch nur eine Sekunde warten.
- Ich habe *keine* Zeit.
- Ich würde gerne einfach auf dem Sofa liegen. Aber ich *darf* mich jetzt *nicht* ausruhen. Ich *muss* noch …

Mit solchen und ähnlichen Gedanken setzt man sich unter Druck. Sie beinhalten alle ausdrücklich oder unausgesprochen ein Muss.

Vermutlich werden Sie am Anfang einige Zeit brauchen, um abzuwägen, was dafür spricht, dass Sie bestimmte Dinge unbedingt tun müssen und deshalb keine oder wenig Zeit haben, und was dagegen spricht, dass Sie diese Dinge jetzt sofort und unbedingt machen müssen. Es könnte sich lohnen, vor der Abwägung zunächst einmal 10 Minuten zu meditieren, damit Sie etwas Distanz zu Ihren Stressgedanken bekommen und ihnen in einer gelasseneren Stimmung erfolgreicher entgegentreten können.

Mit entsprechender Übung lernen Sie Ihre typischen Stress- und Zeitnot-Gedankenmuster besser kennen und können sofort von den TICs zu den TOCs übergehen. Beispiele für zeitgewährende, stressauflösende Gedanken wären:

- Ich muss überhaupt nichts. Ich habe die Wahl, was ich tun werde.

- Was ist im Moment wirklich wichtig? Dieses Meeting, dieser Kongress, dieser Geburtstag ... oder mein Wohlbefinden, meine Gesundheit, mein Glück, mein innerer Frieden ...
- Ich muss heute nicht ... Ich kann auch noch in vier Wochen, in einem Jahr, in zehn Jahren ...
- Alles, was wirklich wichtig ist, verpasst man nicht.
- Ich könnte schnell noch ... Aber ich könnte auch langsam ...
- Was passiert, wenn ich nicht in 5 Minuten dort bin? Wäre das wirklich sooo schlimm?
- Ich habe alle Zeit der Welt – wenn ich will.
- Warten an der Ampel, an der Kasse ... macht mir keinen Spaß, aber es geht auch so. Ich kann es aushalten. Kein Grund, nervös zu werden oder sich aufzuregen.
- Warum rede ich mir ein, dass es eine Katastrophe wäre, diesen Film, dieses Treffen ... zu versäumen? Habe ich vergessen, was eine Katastrophe ist (Erdbeben, Überschwemmungen, Flächenbrände ...)?

Entscheiden Sie sich für jeden Gedanken, der Ihnen hilft, Ihre Zeitziele zu erreichen. Sie haben den Nagel auf den Kopf getroffen, wenn das unangenehme Gefühl großer Dringlichkeit in Ihrem Inneren abnimmt und sich stattdessen langsam angenehme Gelassenheit in Ihnen ausbreitet. Aber passen Sie auf. Das Gefühl, doch zu müssen, kann schnell wieder aufflammen, dann nämlich, wenn Sie wieder anfangen, sich erneut

Ihre TICs einzureden. Bleiben Sie auf der Hut, und merken Sie sich Ihre besten TOCs, damit Sie gelassen bleiben und Ihre freie Zeit behalten.

Falls Ihnen zu einem Gedanken, mit dem Sie sich die Zeit rauben, gerade keine Alternative einfällt, probieren Sie es als Erstes mit dem Gegenteil. So machen Sie aus »Ich muss sofort …« ein »Ich muss überhaupt nicht sofort …«, und dann lassen Sie sich 20 Gründe einfallen, warum Sie überhaupt nicht sofort dies oder jenes tun müssen. Nutzen Sie Ihre Kreativität, und überzeugen Sie sich davon, dass kein Grund zur Eile besteht.

Bleiben Sie nicht bei ein oder zwei Gründen stecken. Finden Sie wirklich 20 Gründe gegen jeden Muss-Gedanken. Die besten Argumente kommen manchmal erst zum Schluss als Nr. 17, 18 und 19.

Auf diese Weise denken Sie in die richtige Richtung. Normalerweise ist man nur darauf trainiert, sich einzureden, dass man muss, muss, muss. Wir werden praktisch alle auf Gier und Unzufriedenheit programmiert. Glücklicherweise kann man sich auf Glück, Gelassenheit und freie Zeit umprogrammieren. Aber das passiert nicht von allein, sondern braucht tägliche Übung.

Ob man Zeit hat oder nicht, ist eine Frage der mentalen Einstellung. Anders als viele meinen, sind es nicht die Sachzwänge oder die Umstände, die uns die Zeit rauben. Dinge zwingen uns nicht, nach ihnen zu greifen. Wie sollten sie dies tun? Veranstaltungen schreiben uns nicht vor, hinzugehen. Wie auch? Wir können mit unserer Zeit tun, was wir wollen.

Aber was ist, wenn man kleine Kinder hat, einen Vertrag erfüllen muss, wenn man Pflichten hat, einen ungeduldigen, unnachsichtigen Chef usw.? Diese Einwände sind verständlich, nur entbinden sie einen nicht von der Selbstverantwortung. Wer hat sich entschieden, Kinder zu haben? Wer hat den Vertrag unterschrieben? Wer hat die Pflichten übernommen? Diese »Zwänge« entstehen nicht von allein. Und ob es überhaupt Zwänge werden, hängt sehr davon ab, wie man in der konkreten Situation reagiert. Die Selbstverantwortung abzulehnen und andere zu beschuldigen, hilft nicht weiter.

Konstruktiv wäre es, als Erstes die Umstände, so wie sie im Moment sind, als Tatsache zu akzeptieren. Danach kann man überlegen, wie man die Verhältnisse verbessern kann. Auch hier ist es nützlich, sich jeden Tag 20 Verbesserungsmöglichkeiten zu überlegen. Das sind pro Woche 140 neue Ideen. Wenn einem allein nichts Neues mehr einfällt, kann man andere fragen, wie man aus den widrigen »Sachzwängen« wieder herauskommen und für Entlastung sorgen kann.

Auf die Erfahrung von anderen zurückzugreifen, ist eine der besten Lösungsstrategien überhaupt. Kaum eine Situation ist wirklich neu, es sei denn für einen selbst. Andere haben die gleiche Situation bereits vor einem erlebt, und es sind immer Menschen dabei, die sie gemeistert haben. Diese »MeisterInnen« sollte man aufspüren und um Rat fragen.

Um bei den obigen Beispielen zu bleiben: Was tun diejenigen, die mehrere kleine Kinder und trotzdem noch Zeit für anderes haben? Wie stellen es diejenigen an, die bestimmte Pflichten übernommen haben und trotzdem mehr Zeit haben als man selbst? Wie haben diese Leute sich aus der schwierigen, zeitraubenden Situation befreit? Wie haben es andere geschafft, mit einem ungeduldigen, unnachsichtigen Chef so umzugehen, dass sie trotzdem genügend Zeit und Ruhe hatten?

Solange man irrtümlich davon überzeugt ist, unter einem Sachzwang zu stehen, gibt es keinen Ausweg. Neue Wege eröffnen sich erst dann, wenn man sie für möglich hält und so lange danach sucht, bis man sie gefunden hat.

Ein weiterer wichtiger Bestandteil des Geistestrainings ist die Ausrichtung der Aufmerksamkeit auf Zufriedenheit.

Zufriedenheit ist eng verbunden mit einer Haltung der Dankbarkeit für all die Dinge, die man bereits erreicht hat. Während Gier in extremer Weise auf Mangel ausgerichtet ist, also auf alles, was man noch nicht hat, erkennt Dankbarkeit das Erreichte an und genießt es. Diese Haltung ist in unser Gesellschaft leider selten. Wenn überhaupt, trifft man sie als religiöses oder moralisches Müssen: »Dafür solltest du dankbar sein«, »Wir müssen Gott für seine Gaben danken«. Dieses religiöse oder moralische »Dankbarkeitsgebot« hat der Sache mehr geschadet als genützt; denn echte Dankbarkeit kann nur ein Ausdruck der Freiheit sein, innezuhalten und sich am Sein und Haben zu freuen.

Wenn man sich das Erreichte sowie die positiven Aspekte des Lebens nicht bewusst macht, wird man nie zufrieden sein. Natürlich gibt es immer vieles, was man nicht besitzt, nicht kann, nicht erlebt. Was einem wichtig ist, kann man sich zum Ziel setzen. Aber wenn man wirklich glaubt, erst zufrieden sein zu können, wenn man *alles* hat, kann und erlebt, dann verschiebt man sein Glück und seine Zufriedenheit in unerreichbare Ferne. Leider ist diese illusionäre Einstellung in unserer Gesellschaft weit verbreitet. Mit ihr machen sich viele Menschen täglich unzufrieden und unglücklich. Aber es ist eben nicht der Mangel, der die ständige Unzufriedenheit verursacht, sondern die zugrunde liegende innere Haltung des Mangelbewusstseins und der Undankbarkeit.

Durch regelmäßiges Geistestraining ist es möglich, das Denken stärker auf die vorhandene Fülle auszurichten als auf bestehenden oder eingebildeten Mangel. Die drei Trainingsschritte lauten wiederum: Achtsamkeit, Abwägung, Alternativen. Mit der inneren Achtsamkeit macht man sich seine Gedanken bewusst. Beim Abwägen stellt man das auf Mangel ausgerichtete Denken infrage. Kommt man zu dem Ergebnis, dass dieses Denken mehr Nachteile als Vorteile hat – zum Beispiel weil man permanent unzufrieden ist, oder aufgrund übertriebener Anstrengungen, das Fehlende zu bekommen, kaum noch freie Zeit hat –, lenkt man sein Denken auf Dankbarkeit. Mit dieser Haltung entspannt man sich und erfreut sich am Vorhandenen.

Meditation und Geistestraining sind zwei Übungswege, die jeder für sich allein bereits sehr hilfreich sind. Zusammen sind sie jedoch in ihrer Wirkung noch viel stärker. Mit der Meditation lernt man, Gedanken loszulassen, und mit dem Geistestraining kann man unangemessene, ungünstige Einstellungen durch bessere ersetzen. Auf diese Weise gewinnt man viel Zeit und Gelassenheit.

## Die wahren Überzeugungen zeigen sich im Handeln

Wir leben oft mit zwei verschiedenen Denkweisen: einer verbindlichen, die 100%ig mit unserem Handeln übereinstimmt, und einer zweiten, unverbindlichen, die sich in unserem Handeln nicht zeigt, obwohl wir gerne das Gegenteil behaupten. Die unverbindliche Denkweise pflegen wir aus unterschiedlichen Gründen: Wir glauben beispielsweise, bei anderen besser anzukommen, wenn wir so tun, als ob wir von einem bestimmten Standpunkt überzeugt seien. Manchmal ist unsere wahre, verbindliche Denkweise auch mit unserem Selbstbild nicht vereinbar.

Die wahren Überzeugungen zeigen sich im Handeln. So kann z. B. jemand steif und fest behaupten, für gesunde Ernährung zu sein. Aber wenn er oder sie sich dann immer wieder Fast-Food kauft, ist das Bekenntnis zu gesunder Ernährung nichts wert. Ausreden müssen dafür herhalten, warum es angeblich nicht geht: »Ich würde mich gerne gesund ernähren, aber ich habe keine Zeit dafür, aber ich kann mir gesunde Lebensmittel nicht leisten, aber es schmeckt mir nicht, aber ...«

Wenn Sie also Ihre wahren Überzeugungen erkennen wollen, beobachten Sie einfach, was Sie von morgens bis abends tun. Ihr Handeln zeigt Ihnen, ob Ihr Geistestraining erfolgreich war. Falls ja, werden Sie mit Sicherheit Wege finden, Ihren Terminkalender zu entrümpeln, freie Zeit zu haben, Pausen zu machen, sich Zeit zu lassen bei dem, was Sie tun, und vieles andere mehr.

Solange Sie jedoch sagen: »Ja, ich weiß, dass ich das alles nicht tun müsste, aber ...«, glauben Sie in Wirklichkeit immer noch das Gegenteil und machen so weiter wie bisher.

Es gibt viele Möglichkeiten, sich etwas vorzumachen. Manche reden sich ein, sie würden hart arbeiten, bis sie 50 oder 55 Jahre alt sind und genug verdient haben, um sich danach ein entspanntes Leben leisten zu können. In Wirklichkeit trifft das selten ein. Wer jahrzehntelang einen vollen Terminkalender hat, kann nicht plötzlich ein neues Leben beginnen. Diese Menschen fürchten sich insgeheim vor freier Zeit; denn sie haben ja schon lange keinerlei praktische Erfahrung mehr damit.

Dabei ist die Befürchtung, »in ein tiefes Loch zu fallen«, grundlos. Entspannt gibt es kein Muss, sondern viele Möglichkeiten. Fast alle Menschen außerhalb der nordwestlichen Hemisphäre wissen das süße Nichtstun zu schätzen. Nicht einmal die Bienen und Ameisen sind so fleißig, wie ihnen immer nachgesagt wird. Nur die Mehrzahl der Menschen in Nordeuropa, Nordamerika und Japan scheint vergessen zu haben, was es heißt, sich zu entspannen, Zeit zu haben und frei von Termindruck zu leben.

Aus diesem Grund ist die oben beschriebene Meditation so wichtig. Sie ist ein kleiner praktischer Schritt des Loslassens. Sie bringt die Überzeugung, dass es möglich ist, ohne Hektik und Zeitnot zu leben, tatsächlich zum Ausdruck.

# Ganz entspannt im Hier und Jetzt

## Glück ohne Gier

Gierige Menschen sind unglücklich. Der amerikanische Psychologe Martin Seligman schreibt in seinem Buch »Authentic Happiness« (dt. Titel: »Der Glücks-Faktor«), dass Materialismus das Glück offenbar zerstöre. Auf allen Einkommensniveaus seien Menschen, die Geld höher schätzen als andere Ziele, weniger zufrieden mit ihrem Einkommen und mit ihrem Leben insgesamt. Er berichtet weiter, dass das Realeinkommen in den USA in den letzten 30 Jahren um 16 % angestiegen, der Prozentsatz der Menschen, die sich als sehr glücklich bezeichnen, aber von 36 auf 29 % gesunken sei.

Der Grund dafür könnte die »hedonistische Tretmühle« sein. An die guten Dinge im Leben gewöhnt man sich schnell. Also braucht man mehr davon. Dann gewöhnt man sich auch daran und so weiter. Es ist ein Kreislauf ohne Ende.

Es stellt sich daher die Frage, wie man glücklich leben kann, ohne nach immer mehr angenehmen Dingen zu verlangen. Ist es überhaupt möglich? Die Antwort auf diese Fragen ist in Kenntnis der Lehre des Buddha, seines Vorbilds und in Kenntnis der Kognitiven Verhaltenstherapie relativ einfach: Unglücklichsein und Gier sind veränderbare mentale und emotionale Zustände. Gefühle entstehen nicht durch die äußeren Umstände, sondern durch Gedanken. So beruht Glück – hier verstanden als Freude – auf einer positiven Bewertung bestimmter Dinge: »Das ist toll (super, cool, großartig, prima, fantastisch).« Dagegen macht man sich unglücklich, wenn man Teile des Selbst, der Erfahrungen oder der äußeren Welt übertrieben negativ beurteilt (»grauenhaft, schrecklich, widerlich«) und sich darauf konzentriert. Gelassenheit hängt mit neutralen, ruhigen Überlegungen zusammen (»Das ist o.k., ich akzeptiere es, es geht auch so.«). Und Gier wird durch unbedingte Forderungen und Muss-Gedanken hervorgerufen: »Ohne Auto (Vermögen, Kinder, Erleuchtung, Perlenketten …) kann ich nicht glücklich sein«, »Ich muss das haben«.

Es ist ein Leichtes, Glück und Gier miteinander zu verbinden. Darum tun wir es auch so oft: »Das ist cool. Ich muss es haben.« Weniger bekannt und geübt, aber im Prinzip genauso leicht ist es, diese beiden Gedanken auseinanderzuhalten: »Ich finde das fantastisch. Aber ich muss es nicht haben. Ich kann auch ohne es glücklich sein.«

Solche Glück und Gier trennenden Überlegungen sind für viele Menschen in unserer Gesellschaft sehr ungewohnt. Freude und Begeisterung führen bei ihnen automatisch dazu, sofort nach den erfreulichen Dingen oder Erfahrungen zu greifen und, wenn sie sie einmal bekommen haben, sich möglichst für immer daran festzuklammern und im nächsten Moment nach noch mehr zu verlangen. Deshalb braucht man Achtsamkeit und viel Übung, um die alte Gewohnheit der Gier durch Gelassenheit und freiwilligen Verzicht zu ersetzen.

Die Kunst besteht darin, Wünsche nicht in Gier zu verwandeln. Sich etwas Erfreuliches zu wünschen, ist vollkommen in Ordnung. Deshalb sollte man das Kind nicht mit dem Bade ausschütten und sich das Wünschen nicht verbieten. Erst wenn man sich einredet, *alles* Erfreuliche *immer sofort* haben zu müssen, entsteht Gier. An vielem kann man sich erfreuen, ohne es besitzen zu müssen. So kann man beispielsweise einen Film im Kino sehen, ohne sich unbedingt später das Video und den Soundtrack kaufen zu müssen. Wünsche gehören zum Leben dazu. Sie fühlen sich leicht und angenehm an und nehmen einem in keiner Weise die innere Freiheit. Anders dagegen die Gier. Sie macht einen atemlos, verkrampft und engstirnig.

Probieren Sie es selbst aus. Wann immer Sie etwas möchten, spüren Sie in Ihre Körpermitte, in Ihren Bauch-Brust-Raum. Dort können Sie den Unterschied zwischen Wunsch und Gier deutlich wahrnehmen. Gier macht sich als etwas Drängendes bemerkbar, während ein Wunsch ein frohes, leichtes Gefühl vermittelt.

Falls Sie Gier in sich bemerken und sie auflösen wollen, suchen Sie die dazugehörigen Gedanken. Sie werden immer ein Muss oder ein Sollte finden. Stellen Sie es infrage, und überzeugen Sie sich davon, dass Sie die Dinge oder Erfahrungen, auf die sich die Gier richtet, nicht haben müssen, sondern dass Sie auch ohne sie glücklich sein können. Gelingt Ihnen das Umschalten von Gier auf Loslassen, werden Sie eine spürbare Erleichterung in Ihrer Körpermitte fühlen können.

Möglicherweise könnten Sie jetzt bereits viel glücklicher sein, als Sie wissen. Damit Ihr Glückserleben mit Ihren täglichen Erfahrungen Schritt halten kann, versuchen Sie einmal 14 Tage lang die folgende Übung: Bevor Sie abends zu Bett gehen, nehmen Sie sich ein Blatt Papier und überdenken den Tag. Schreiben Sie fünf Erlebnisse auf, die Ihnen an diesem Tag gefallen haben oder, falls Sie tiefstapeln, die »nicht schlecht« waren.

In einer Studie gab man einer Gruppe die Aufgabe, zwei Wochen lang über Ereignisse ein Tagebuch zu führen, für die sie dankbar waren. Glück und Lebenszufriedenheit steigerten sich bei den TeilnehmerInnen sehr.

Sollten Sie mit der Übung dasselbe Ergebnis erzielen, empfehle ich Ihnen, aus dem Schreiben des positiven Tagebuchs eine neue Gewohnheit zu machen.

## Dukkha –
### Nichts und niemand ist vollkommen

Die Gegenwart ist unbefriedigend. Deshalb erhofft man sich das vollkommene Glück in der Zukunft. Alle Heilserwartungen richten sich auf die Zukunft. Das Paradies kann niemals hier und heute sein; denn man weiß leider zu genau, dass die Gegenwart nicht paradiesisch ist. Auch die PolitikerInnen können keine bessere Gegenwart versprechen, sondern nur eine bessere Zukunft. Sie verschieben das Eintreffen der segensreichen Wirkungen ihrer Politik immer wieder aufs Neue in weite Ferne.

Der Glaube an eine rosige Zukunft kann Hektik und Zeitnot auslösen. Beseelt von der Erwartung einer goldenen Zeit ist man viel eher bereit, hart zu arbeiten. Die Zukunft wird mit Sicherheit besser werden als die Gegenwart. Nur noch ein paar Anstrengungen mehr, dann hat man es bestimmt geschafft: Alles wird gut. Ist man davon überzeugt, möchte man in der Gegenwart natürlich keine Zeit verlieren. Die wunderbare Zukunft soll so schnell wie möglich Gegenwart werden. Bloß nichts versäumen! Die Folge: Die Zeit wird knapp und der Atem kurz.

Nicht nur die untergegangene sozialistische Planwirtschaft strebte systematisch das Paradies an. Auch die wunderbare freie Marktwirtschaft sehnt die Zukunft herbei. Die bunt schillernden, verlockenden High-Tech-Visionen – wann werden sie endlich wahr?

Der Buddha vertrat eine ganz andere Auffassung. Sie lässt sich in dem Wort »Dukkha« zusammenfassen. Dukkha ist ein Begriff aus dem Pali, einem indischen Dialekt, in dem die ältesten Überlieferungen der Lehrreden des Buddha verfasst sind. Dukkha wird meist mit Leiden übersetzt, bedeutet aber auch Unzulänglichkeit.

Der Buddha wies immer wieder auf die Unvollkommenheit der Dinge hin. Die Vergangenheit war nicht perfekt, die Gegenwart ist es nicht und auch die Zukunft wird es nicht sein. Das liegt in der Natur der Sache und gehört zu den Bedingungen, unter denen Menschen leben.

Wer sich gegen diese Tatsache sperrt, wird vielfältig leiden. Wer sie dagegen akzeptiert, hat einen wichtigen Schritt Richtung Gelassenheit, aber auch Richtung Zeit gemacht. Da ein Teil der Dinge – zumindest ein bisschen – unbefriedigend ist und immer bleiben wird, braucht man nicht in aktionistischer Weise ständig die Welt zu verbessern. Man kann die Dinge auch ruhig auf sich zukommen lassen. Sie ändern sich sowieso. Kein Grund, die Veränderungen herbeizuzwingen. Kein Grund, sie abzulehnen. Manches wird besser, manches schlechter, und so geht es immer weiter. Wieso sich nicht zurücklehnen und dem Lauf der Welt einfach zuschauen, anstatt andauernd hart zu arbeiten und einer illusionären perfekten Zukunft entgegenzustreben? Wieso nicht mal ganz entspannt im Hier und Jetzt leben? So schlimm ist es doch insgesamt gar nicht. Es ist halt nicht perfekt. Dennoch ist das meiste gut genug. Man kommt damit zurecht. Natürlich ist es möglich, sich alles immer noch ein bisschen besser zu denken, als es tatsächlich ist, aber wieso soll es perfekt sein? Macht ein übervoller Terminkalender die Dinge etwa besser? Was wird durch Hektik und Zeitnot gewonnen?

# Erkenne dich selbst

Damit Sie ganz entspannt im Hier und Jetzt leben können, werden Sie nicht umhinkommen, auf einige Ihrer bisherigen Aktivitäten zu verzichten; denn wenn Sie so weitermachen wie bisher, werden Sie genauso viel Stress und genauso wenig Zeit haben wie bisher. Auch wenn sich Verzicht im ersten Moment für Sie unangenehm anhören mag, so wird doch genau dieser Schritt Ihnen die notwendige Befreiung bringen. Verzicht ist nur die eine Seite der Medaille, die andere Seite heißt Gewinn. Sie gewinnen Zeit und können endlich genießen, was Sie tun.

Es ist einfach nicht möglich, alles zu haben. Aber das ist offenbar schwer zu begreifen, weil es die Gier direkt berührt. Wer gierig ist, möchte alles haben, und zwar sofort und in bester Qualität. Deshalb scheuen sich auch die meisten RatgeberInnen, ihren LeserInnen die Wahrheit zu sagen. Sie behaupten, man könne sein Leben vereinfachen und trotzdem alles haben. Das aber wäre die Quadratur des Kreises. Glauben Sie wirklich, man könne eine glänzende berufliche Karriere aufbauen und zu den Topleuten in seinem Beruf gehören, glücklich und zufrieden mit seiner Familie leben, echte Freundschaften pflegen, finanzielle Unabhängigkeit erreichen, rundum gesund und fit sein, sein gesamtes Potenzial entwickeln, also alle möglichen Fähigkeiten und Interessen entfalten, in der Stadt- oder Gemeindeverwaltung an bedeutender Stelle mitarbeiten, meditieren und inneren Frieden finden, und das alles gleichzeitig? Aber genau das behaupten einige TrainerInnen. Man müsse sich nur auf die wesentlichen Punkte konzentrieren, dann könne man mühelos sein Einkommen und seine Freizeit verdoppeln und alle eben genannten Ziele erreichen.

Mir ist niemand bekannt, der das je geschafft hätte. Es ist absurd, diese maßlosen Ansprüche auch noch als ausgeglichenes Leben zu bezeichnen. Wollte man sich das oben beschriebene Programm als Ziel setzen, so hätte man sieben Prioritäten: Beruf und Karriere, Familie und Freundschaften, finanzielle Unabhängigkeit – damit ist natürlich in aller Bescheidenheit Reichtum gemeint –, Gesundheit und Fitness, Entfaltung der Persönlichkeit, politisches und soziales Engagement und Spiritualität. Der englische Zeitmanagement-Trainer Martin Scott meint dagegen: Wer mehr als zwei Prioritäten setzt, hat keine Prioritäten.

Man könnte sogar die Frage aufwerfen, ob das Wort »Priorität« im Plural überhaupt Sinn macht. Priorität bedeutet so viel wie Vorrang. Wie viele Vorränge kann es im Leben eigentlich geben, ohne dass man auf das Wort lieber verzichten sollte?

Lassen Sie sich nicht einreden, Sie könnten alles haben. Zu Ihrer Beruhigung: Für ein glückliches, erfülltes Leben ist ALLES gar nicht erforderlich. Auch der Buddha hatte nicht alles. Seine »Prioritäten« waren nicht Karriere, Familie, Reichtum, Fitness, Persönlichkeitsentwicklung und politisches Engagement. Im Gegenteil: Das meiste davon hat er sogar aufgegeben, um eine einzige Priorität zu setzen: Seelenfrieden. Er hatte nur zwei Themen: das Leiden und wie man es überwindet. Das genügte ihm.

Und was ist Ihnen am wichtigsten? Wofür wollen Sie am meisten Zeit haben? Falls Sie sich nicht darüber im Klaren sind, machen Sie es zu Ihrer Priorität, es herauszufinden. Lernen Sie sich besser kennen. Machen Sie sich Ihre Vorlieben und Ihre Abneigungen bewusst.

Was gibt Ihnen das Gefühl von Glück und Zufriedenheit? Ein wichtiges Indiz für Ihren Lebensweg, Ihre Berufung oder wie immer Sie das nennen wollen, ist die Leichtigkeit, mit der Sie bestimmte Dinge tun können. Leider übersehen viele gerade aus diesem Grund ihre Bestimmung. Sie nehmen sie nicht ernst, weil sie glauben, sie dürften nicht dem folgen, was ihnen leicht fällt, sondern müssten sich mehr quälen. Deshalb tun sie dann ausgerechnet das, was ihnen auf den Geist geht oder körperlich schwerfällt. Einige missachten ihre Bestimmung auch, weil sie annehmen, jeder könne das, was sie mühelos tun, mit derselben Leichtigkeit. Das trifft aber nicht zu.

Manchen fällt es leicht, anderen Menschen zu helfen, während dafür weniger Begabte sich dabei fast einen Arm abbrechen. Einige können ohne Probleme eine Gruppe leiten, Leute zum Lachen bringen, Frieden stiften, Menschen schützen, Informationen finden oder Kunstwerke schaffen. Nichts davon ist selbstverständlich. Was diese verschiedenen Talente so mühelos können, bringen andere nur sehr schwer oder gar nicht zustande.

Neben der Leichtigkeit ist ein weiteres Indiz für Ihren Lebensweg die Kraft, die Sie dabei gewinnen. Menschen, die dazu berufen sind, anderen zu helfen, werden dadurch beflügelt, dass sie ihre Hilfe anbieten können. Dafür weniger Begabte sind schnell erschöpft, weil es sie unglaublich viel Kraft kostet.

Wenn Sie Ihr Talent erkennen und ihm folgen, dann Sie sind auf dem richtigen Weg zu einem erfüllten Leben. Ihr Leben wird zwar nicht 100%ig leicht und angenehm (dukkha!), aber Sie können viel leichter auf die vielen Dinge verzichten, die nicht den Mittelpunkt Ihres Lebens bilden. Dadurch gewinnen Sie Zeit für das, was Ihnen am Herzen liegt.

Wenn Sie so leben, wie es Ihrem Wesen entspricht, dann brauchen Sie auch nicht unbedingt einen Ausgleich; denn was sollten Sie ausgleichen? Was musste der Buddha ausgleichen? Er war am glücklichsten bei dem, was er tat. Was hätte er sonst noch tun sollen?

Die These, dass man Privat- und Berufsleben ausgleichen müsse, beruht auf zwei unausgesprochenen Annahmen: 1. Man übt einen ungeliebten Beruf aus. In diesem Fall braucht man natürlich einen Ausgleich, damit wenigstens das Privatleben Spaß macht. 2. Oder man ist ein Workaholic, also süchtig nach Arbeit. Workaholics stehen unter dem inneren Zwang, arbeiten zu müssen. Aber solche Menschen brauchen keinen Ausgleich, sondern eine Therapie.

Selbstverständlich können Sie sich so viele Prioritäten setzen, wie Sie wollen, und sich auch einen Ausgleich schaffen, wenn es Ihren Bedürfnissen entspricht. Solange Sie sich dabei wohlfühlen, ist alles in Ordnung.

An Ihrer Stelle wäre ich aber vorsichtig, mehr als zwei Prioritäten zu haben und auf jedem Gebiet auch noch hohe Ansprüche zu stellen. Das Denken in Superlativen erzeugt Druck. Je mehr man sich mit anderen vergleicht, desto stärker wird das Leben von äußeren Maßstäben bestimmt. Will man alles besser und schneller, entfernt man sich von einem entspannten Leben im Hier und Jetzt. Von schneller und besser ist es nur noch ein Schritt zu den Superlativen »am schnellsten« und »am besten«.

Viele RatgeberInnen sind von diesem extremen Leistungsdenken geprägt. Man hat aber nicht unbedingt den Eindruck, als seien diese Menschen besonders glücklich. Überlegen Sie sich gut, ob Sie die Maßstäbe Ihres Handelns nicht lieber in sich selbst suchen. Was macht Sie persönlich glücklich und zufrieden?

### Rechnen für Fortgeschrittene

Die Formel für ein Leben ohne Hektik und Zeitnot lautet: Ihr jetziges Leben minus Überlastung plus Erleichterung.

Nehmen Sie sich ein neues Blatt Papier, und schreiben Sie alles auf, was Sie im Moment mehr belastet, als Ihnen lieb ist. Anschließend gehen Sie jeden einzelnen Punkt durch und stellen dabei drei Fragen:

• Wie kann ich die überfordernde Situation in Zukunft vermeiden?

Lassen Sie sich 20 Möglichkeiten einfallen, was Sie tun können, damit diese Situation sich nicht wiederholt. Falls es ausgeschlossen ist, dass sich das Problem durch Vermeidung lösen lässt, fragen Sie als Nächstes:

• Wie kann ich die zeitraubende und hektische Situation ändern, sodass ich in Zukunft mehr Zeit und weniger Stress habe?

Werden Sie kreativ. Finden Sie mindestens 20 verschiedene Möglichkeiten, die Ihr Leben vereinfachen würden. Bitten Sie auch Ihre FreundInnen um Einfälle, wie Sie die Situation ändern könnten. Falls jedoch weder Sie noch Ihre FreundInnen Möglichkeiten zur Veränderung sehen, kommen Sie zur dritten Frage:

• Wie kann ich meine Einstellung ändern, sodass ich die belastende Situation in Zukunft leichter ertragen kann?

Jedes Problem kann man durch die Art, wie man darüber denkt, schlimmer oder besser machen. Denken Sie an die TIC-TOC-Methode. Bestimmte Gedanken helfen, andere hindern bloß. Wenn man zum Beispiel das Folgende glaubt, wird man unter einem Problem mehr als nötig leiden: »Diese Situation ist eine Katastrophe. Ich kann sie nicht ertragen. Sie lässt sich weder vermeiden noch ändern, und das ist furchtbar. Ich werde nie wieder glücklich sein.«

Eine Alternative zu diesen Gedanken wäre: »Die Situation ist, wie sie ist. Auch wenn sie nicht so ist, wie es ich mir wünsche, so kann ich sie doch ertragen. Ich bin schon mit ganz anderen Dingen fertig geworden. Mein Leben besteht nicht nur aus Problemen. Es gibt auch erfreuliche Dinge. Ich kann trotz dieser belastenden Situation relativ glücklich sein.«

Benutzen Sie die Prinzipien der TIC-TOC-Technik, um Ihre Einstellung so zu ändern, dass Sie die Situation leichter nehmen können.

Nachdem Sie aufgeschrieben haben, was Sie gegenwärtig daran hindert, ganz entspannt im Hier und Jetzt zu leben, und wie Sie die bestehenden Probleme in Zukunft vermeiden, ändern oder entdramatisieren können, nehmen Sie ein weiteres Blatt Papier. Unter der Überschrift »Was ich immer schon gerne tun wollte, aber bisher aus Zeitmangel unterlassen habe« listen Sie alles auf, was Ihr Leben bereichern, Ihnen Kraft geben und Sie nähren würde. Danach schreiben Sie zu jedem einzelnen Pluspunkt 20 Möglichkeiten auf, wie Sie es schaffen, das Versäumte nachzuholen.

Und nun das Wichtigste: Lassen Sie sich Zeit dabei, diese beiden Übungen zu machen. Niemand kann sein Leben von heute auf morgen umkrempeln. Sie brauchen Zeit, um über Veränderungsmöglichkeiten nachzudenken, und noch mehr Zeit, um sie dann auch zu verwirklichen. Es wäre widersinnig, sich dabei zu beeilen.

## Genießen braucht Zeit

Zum Schluss möchte ich Ihnen noch eine Übung anbieten, mit der Sie sich selbst davon überzeugen können, dass Genießen Zeit braucht. Sie werden dabei außerdem feststellen, dass weniger mehr ist.

Nehmen Sie zwei Äpfel, Orangen oder ein anderes Obst, das Sie mögen. Essen Sie beide Äpfel nacheinander. Beim ersten Apfel lassen Sie sich bitte viel Zeit, um den Geschmack, den Saft und den Duft des Apfels vollkommen zu genießen. Lassen Sie sich dabei nicht ablenken. Schmecken Sie den köstlichen Apfel.

Nun essen Sie den zweiten Apfel in Eile. Machen Sie schnell. Tun Sie so, als ob Sie gleich zu einem dringenden Termin müssten, aber eben noch einen Apfel essen wollen. Schauen sie dabei häufig auf die Uhr, wie Sie es sonst vermutlich auch tun, wenn Sie in Eile sind. Berechnen Sie die Zeit, die Sie brauchen, um den Apfel zügig zu essen.

Vergleichen Sie die beiden Erfahrungen.

Eine Abwandlung dieses Experiments sähe so aus: Sie essen eine Orange in beliebiger Zeit, stoppen dabei aber die Zeit. Nach einigen Stunden oder am nächsten Tag essen Sie in derselben Zeit zwei Orangen. Finden Sie heraus, ob Mehr auch mehr Genuss bedeutet.

Je mehr Reize auf uns einstürmen, desto unsensibler werden wir. Die Reize müssen immer gröber und stärker werden, damit sie überhaupt noch zu uns durchdringen. Alles Feine und Delikate hat keine Chance mehr, von uns wahrgenommen zu werden. Auf diese

Weise verpassen wir viele Schönheiten. Viele Menschen sind heute unter dem Einfluss von Lärm und ohrenbetäubender Musik bereits schwerhörig geworden. Überall ist ein Verlust an Sensibilität festzustellen. Die Welt wird für einen ärmer, wenn man unter dem Einfluss von Stress kaum noch etwas mitbekommt.

Wenn Sie weniger hetzen und wieder mehr Zeit haben, werden Sie staunen, was Sie alles übersehen haben. Sie werden feststellen, dass die Welt bunter, schöner und vielfältiger ist, als Sie es bisher bemerkt haben.

# Ergänzende Strategien

## Feng Shui gegen das Gerümpel des Alltags

Leiden Sie nicht nur unter Zeitmangel, sondern auch unter Platzmangel? Es wäre kein Wunder, weil beides eine gemeinsame Ursache hat: die oben beschriebene Gier. Wer sich zu viel vornimmt, kauft oft auch zu viele Sachen, mit der Folge, dass die Räume, Kommoden, Schränke und Regale wegen des Krempels überquellen.

Zu viele Sachen in der Wohnung verursachen zusätzlichen Zeitmangel. Wenn große Unordnung herrscht, dauert es lange, bis man etwas findet. Man weiß nicht mehr, wo die Sachen sind, oder muss erst einmal einen Berg von Gegenständen wegräumen, bevor man an das Gewünschte herankommt. Die Dinge wollen benutzt, repariert und sauber gehalten werden. All das kostet viel Zeit.

Deshalb könnte es sich für Sie lohnen, endlich einmal aufzuräumen und Platz zu schaffen. Ihr Leben wird dann nicht nur äußerlich übersichtlicher. Auch Ihr Kopf wird entlastet.

Karen Kingston bezeichnet in Ihrem Buch »Feng Shui gegen das Gerümpel des Alltags« als Gerümpel alles, was einfach in der Gegend herumliegt, was man nicht mehr braucht oder nicht mehr mag, und was langsam, aber sicher dazu führt, dass die Wohnung zu eng wird. Sie hat einen wunderbaren Krempel-Test entwickelt, der einem hilft, sich von dem Gerümpel des Alltags wieder zu befreien.

Jeder Gegenstand in der Wohnung, der den Krempel-Test nicht besteht, wird verschenkt, verkauft oder weggeworfen. Der Test besteht im Grunde aus zwei Fragen:

1. Gibt der Gegenstand Ihnen ein gutes Gefühl, wenn Sie ihn sehen oder an ihn denken? Lieben Sie ihn ohne Wenn und Aber? Ihr Körper weiß die Antwort. Antwortet er positiv, können Sie die Sache unbedenklich behalten. Fühlt es sich nicht gut an, den Gegenstand zu sehen oder auch nur an ihn zu denken, handelt es sich wahrscheinlich um Krempel.

2. Wenn der Gegenstand Sie schon emotional nicht positiv anspricht, ist er dann wenigstens nützlich? Überlegen Sie, wann Sie ihn zuletzt gebraucht haben und wann Sie ihn das nächste Mal wieder benutzen werden, aber bitte konkret mit Datum, irgendwann einmal reicht nicht. Alles könnte man irgendwann irgendwo vielleicht einmal gebrauchen.

Alles, was Sie inzwischen über die Befreiung von der Gier gelernt haben, können Sie auch hier anwenden. *Müssen* Sie diesen konkreten Gegenstand unbedingt behalten? Was spricht dafür, was dagegen? Welche Überlegungen könnten Ihnen helfen, den Gegenstand loszulassen? Stellen Sie den Nutzen der allzu vielen Sachen infrage. Wer hat wen? Haben Sie Ihre Sachen oder haben Ihre Sachen Sie?

Nachdem Sie Platz geschaffen haben, sorgen Sie dafür, dass es auch dabei bleibt. Überlegen Sie zweimal, bevor Sie etwas Neues kaufen. Was spricht für die Anschaffung, was dagegen? Brauchen Sie die neue Sache wirklich? Wann? Wie oft? Was sagt Ihr Körpergefühl dazu? Fühlt es sich leicht und angenehm an, den gewünschten Gegenstand zu besitzen? Oder spüren Sie bereits jetzt die emotionale und finanzielle Last einer weiteren, im Grunde überflüssigen Sache? Ideal wäre es, wenn Sie für das Neue etwas anderes wegwerfen oder verschenken würden. So könnten Sie sicherstellen, dass Ihre Wohnung auf Dauer vom Gerümpel des Alltags frei bleibt.

### Die doppelte Doppelbelastung

Doppelbelastung, das klingt fast wie eine Erinnerung an gute alte Zeiten. »Nur« Beruf und Familie – mehr nicht. Heute dagegen kommt noch, wie wir bereits gesehen haben, vielerlei hinzu: zum Beispiel Gesundheit und Fitness, politisches und soziales Engagement, spirituelle und persönliche Entwicklung.

Die Doppelbelastung stellt für viele heute die Mindestnorm dar. Für Singles ist es sowieso selbstverständlich, sich einerseits um die Karriere und andererseits um die Einkäufe, die Wäsche und alle übrigen Hausarbeiten zu kümmern. Und auch viele Paare sind heute sowohl berufstätig als auch gemeinsam für den Haushalt zuständig.

Von der beruflichen und privaten Doppel- und Mehrfachbelastung ist es nur ein Schritt bis zur Überlastung. Nur wer 100%ig fit ist, fühlt sich den zahlreichen Aufgaben gewachsen, vorausgesetzt alles läuft einigermaßen glatt. In Schwächeperioden und angesichts größerer Schwierigkeiten wird dagegen aus dem Viel schnell ein Zuviel, und man fragt sich, warum in aller Welt man sich das alles aufgehalst hat.

Leider bleibt es in Krisen nicht bei der zeitlichen Überlastung. Man neigt dazu, in Gedanken alles noch schlimmer zu machen: »Ich kann das nicht mehr aushalten«, »Mein Leben ist eine Katastrophe«, »Das darf nicht wahr sein«, »Ich ertrage diese Überlastung nicht«. So ist man im Handumdrehen auch noch emotional überlastet.

Wie kommt man aus dieser doppelten Doppelbelastung – beruflich und privat, zeitlich und emotional – wieder heraus?

Insgesamt bieten sich drei Lösungsstufen an:
1. Die Überlastung entdramatisieren
Solange man in Begriffen wie »furchtbar, unerträglich, muss sich sofort alles ändern« denkt, macht man es nur noch schlimmer. Sich an die reinen Tatsachen halten, extreme Bewertungen überdenken, Pessimismus durch Optimismus ersetzen – das ist in dieser Situation das Gebot der Stunde. »Ich werde damit fertig«, »Es fühlt sich schrecklich an, aber ich kann es aushalten«, »Nicht alles muss sich sofort ändern. Es genügt, wenn

ich einiges nach und nach anders mache als bisher«: In diese Richtung lenkt man die Gedanken und erreicht so emotionale Entspannung.

2. Die Gier abbauen

Als Zweites kommt es darauf an, die Hauptursache der Überlastung zu überwinden. Sie liegt nicht in den Umständen, sondern in der eigenen Einstellung begründet. Dadurch dass man immer mehr machen, haben und erleben will und sich einredet, alle Aufgaben unbedingt sofort erledigen zu müssen, halst man sich so viel auf, dass man schließlich überlastet ist. Deshalb besteht das Gegenmittel darin, die gierige Einstellung durch Meditation und Geistestraining zu ändern.

3. Für Entlastung sorgen

Nach den inneren Vorarbeiten kann man schließlich anfangen, die übertriebenen Aktivitäten auf ein vernünftiges Maß zurückzuschrauben. Manchmal ist es einfacher, zunächst im Privatleben für mehr Entlastung zu sorgen. In anderen Fällen bietet es sich an, erst einmal beruflich weniger zu tun. Nicht jede anstrengende Tätigkeit lässt sich jedoch so einfach beenden, wie man es gerne möchte, schon gar nicht von heute auf morgen. Aber irgendeine Verbesserung der Situation ist immer möglich. Man kann beispielsweise aufhören, die betreffende Tätigkeit perfekt auszuführen. Man lässt einfach mal alle fünfe gerade sein. Dadurch spart man eine Menge Kraft. Diejenigen, die zu Perfektionismus neigen, kostet es am Anfang einige Überwindung, eine gewisse Nachlässigkeit zu entwickeln.

Perfektionismus ist die Gier nach Vollkommenheit. Deshalb kann man sie mit den beiden Standardmitteln gegen Gier – Meditation und Geistestraining – überwinden.

## Kann Aufschieben eine Tugend sein?

Sobald man sich davon überzeugt hat, dass es keinen vernünftigen Grund gibt, immer mehr haben, machen und erleben zu müssen, bleibt trotzdem noch ein praktisches Problem übrig. Zwar ist Gier eine zerstörerische Kraft. Aber hinter ihr stehen oft Wünsche, die im Prinzip in Ordnung sind. Erst durch die starke Übertreibung (unbedingt, immer mehr, muss) sind sie zu Gier geworden. Reduziert man die Gier wieder auf ihren ursprünglichen Kern, stellt sich die Frage, wie man mit den zugrunde liegenden Wünschen umgeht.

Wünsche fühlen sich anders an als Gier. Sie haben etwas Belebendes, nichts Drängendes. Man kann sie leicht wieder loslassen, weil man weiß, dass das Glück nicht von der Erfüllung einzelner Wünsche und schon gar nicht von der Erfüllung aller Wünsche abhängig ist.

Hat man zu viele Wünsche auf einmal, kommen zwei Lösungen in Betracht: Entweder man streicht weniger wichtige Wünsche ganz oder verschiebt sie auf später.

Zwischen einzelnen Wünschen können erhebliche Konflikte entstehen. Welche soll man gleich erfüllen, welche später? Die meisten Menschen kennen leider nur eine Art der Konfliktlösung: Eine Seite gewinnt, die andere verliert. Sie wissen nicht, dass es noch ein anderes Prinzip gibt, bei dem beide Seiten gewinnen.

Stellen Sie sich vor, zwei Personen streiten sich um eine Zitrone. Jeder will sie für sich allein haben. Es sieht so aus, als ob nur einer gewinnen könnte. Als die beiden aber anfangen, darüber zu reden, was jeder mit der Zitrone will, stellt sich heraus, dass der eine sich mit dem Saft eine Zitronenlimonade machen möchte und der andere mit der aromatischen Schale einen Kuchen backen will. Das bedeutet, der Entweder-Oder-Konflikt ist in Wirklichkeit gar keiner. Beide Interessen sind miteinander vereinbar.

Falls Sie also mehr Wünsche haben, als Sie im Moment erfüllen können, möchte ich Ihnen vorschlagen, dass Sie sich intensiv überlegen, wie Sie Ihre verschiedenen Wünsche so miteinander in Einklang bringen können, dass bei Ihnen keine Hektik oder Zeitnot entsteht. Nutzen Sie Ihre Kreativität und lassen Sie sich mindestens 20 verschiedene Lösungen einfallen. Mit großer Wahrscheinlichkeit ist dann eine dabei, die Ihnen weiterhilft.

Sie können Wünsche jederzeit auf später verschieben. Es gibt nur wenige Sachen, die keinen Aufschub dulden. Leider hat das Aufschieben bei uns einen schlechten Ruf. Die Mañana-Mentalität südlicher Länder ist uns fremd und genauso übel beleumundet wie das Dolce Vita. Dabei kann das Aufschieben eine wahre Tugend sein und einen vor Hektik und Zeitnot bewahren.

Der Buddha hat immer wieder betont, wie wichtig es sei, die Extreme zu meiden und den Mittleren Weg zu gehen. Schiebt man zu viel auf, kann dies dazu führen, dass wichtige Angelegenheiten vernachlässigt werden. Manche Menschen entwickeln die negative Gewohnheit, grundsätzlich alles erst in letzter Minute zu erledigen. Auf diese Weise provozieren sie ständige Hektik und Zeitnot.

Schiebt man jedoch zu wenig auf und glaubt, alles unverzüglich machen zu müssen, setzt man sich ebenfalls unter zu starken Druck. In diesem Fall ist es sinnvoll, mehr Mañana-Mentalität zu entwickeln und einige Aufgaben großzügig auf später zu verschieben.

### Ausnahmen und Wunder

Kein Problem ohne Lösung. Es ist unmöglich, sich nicht zu ändern. Dies sind zwei Grundannahmen der lösungsorientierten Beratung. In Übereinstimmung mit der buddhistischen Auffassung, dass alle Dinge dieser Welt entstehen und vergehen, sich also verändern, haben lösungsorientierte Berater erkannt, dass auch Probleme in ihrer Intensität, Dauer und Häufigkeit Schwankungen unterworfen sind. Probleme nehmen zu, werden schwächer und verschwinden vorübergehend oder für immer.

Nehmen wir einmal an, Sie seien üblicherweise überlastet, in Eile und Zeitnot. Aber überlegen Sie einmal genau: Wann empfinden Sie weniger Stress? Wann haben

Sie ausnahmsweise Zeit? Unter welchen Bedingungen nimmt die Belastung ab?

Falls Sie solchen Ausnahmen genauer nachgehen wollen, wäre es nützlich, ein Tagebuch zu beginnen. Schreiben Sie mehrmals am Tag auf, was Sie in den davorliegenden Stunden getan haben. Bewerten Sie auf einer Skala von 0–10, wie viel Stress Sie bei jeder Tätigkeit empfunden haben (0 bedeutet kein Stress, 10 maximaler Stress). Bei allen Werten von 0–5 notieren Sie außerdem, wie Sie es geschafft haben, keinen oder wenig Stress zu empfinden. Wie kam es, dass Sie plötzlich – wenn vielleicht auch nur kurz – Zeit hatten? Wie wurde die Belastung – wenn auch nur in Ausnahmefällen – geringer?

Am besten führen Sie Ihr Tagebuch in drei Spalten, sodass Sie die Tätigkeiten, die Bewertung des Stresses von 0–10 und die Ausnahmebedingungen leicht überschauen können. Schreiben Sie in Stichworten, sodass das Ganze nicht viel Zeit in Anspruch nimmt.

Ein weiterer fester Bestandteil der lösungsorientierten Beratung ist die »Wunderfrage«. Die aus Korea stammende amerikanische Therapeutin Kim Soo Berg entdeckte sie, als ihr eine Klientin nach der Schilderung all ihrer Probleme resigniert erklärte, dass nur durch ein Wunder ihre Probleme verschwinden könnten. Die offenbar in Achtsamkeit geschulte Kim Soo Berg griff diese Bemerkung augenblicklich auf und fragte die Klientin, wie ihr Leben denn aussähe, wenn tatsächlich ein Wunder geschehen würde. Woran würde sie merken, dass die Probleme verschwunden sind?

Wann immer die Dinge Ihnen über den Kopf wachsen und Sie glauben, nur noch ein Wunder könne Ihnen helfen, stellen Sie sich dieselbe Frage. Wie sähe Ihr Leben nach dem Wunder aus? Was wäre anders? So gewinnen Sie eine Vorstellung von der Lösung Ihrer Probleme.

Sie können sich dann weiter fragen: Gibt es jetzt schon Zeiten, in denen Teile dieses Wunders passieren? Gab es früher einmal solche Zeiten?

Vielleicht wissen Sie nicht, wie Sie dieses Wunder oder Teile davon herbeiführen können. Dann tun Sie einfach so, als ob Sie es wüssten, und schreiben auf, was Sie tun könnten, damit das Wunder wahr wird und Ihre Probleme verschwinden oder geringer werden.

Falls Sie eine Schwäche für Horoskope, Orakel und Ähnliches haben, wäre auch die folgende Übung etwas für Sie:

Noch bevor Sie morgens aufstehen, stellen Sie eine Prognose: Wird es heute ein guter Tag oder einer voller Hektik und Zeitnot? Bewerten Sie Ihre Prognose mit einer Zahl von 0–10 (0 = keine Hektik oder Zeitnot, 10 = mehr Hektik und Zeitnot sind nicht denkbar). Notieren Sie Ihre Prognosezahl auf einem Zettel, und legen Sie ihn neben Ihr Bett.

Wenn Sie abends im Bett liegen, lassen Sie den Tag in Gedanken Revue passieren. Hatten Sie Zeit? Waren Sie in Eile? Gab es Stress? Bewerten Sie den Tag mit einer Note von 0–10. Und dann holen Sie Ihre Prognose vom Morgen hervor und prüfen, ob Sie recht hatten.

Wie erklären Sie sich, dass Ihre Prognose eingetroffen bzw. nicht eingetroffen ist?

Versuchen Sie es am nächsten Tag wieder und setzen Sie die Übung so lange fort, wie sie Ihnen Spaß macht.

## Was wir von Schildkröten lernen können

Es wird Sie nicht überraschen, wenn ich sage, dass wir von Schildkröten vor allem eines lernen können: Langsamkeit. Im Allgemeinen sind Schildkröten in ihren Bewegungen unendlich langsam, jedenfalls für unser Empfinden.

Langsamkeit könnten wir natürlich auch von Schnecken lernen, die im Vergleich zu Schildkröten noch langsamer sind. Das »Schneckentempo« ist sprichwörtlich geworden.

Im Prinzip ist es jedoch egal, von wem wir es lernen. Hauptsache, wir hören auf, in rasendem Tempo durchs Leben zu eilen. Die Zeitersparnis durch eine höhere Geschwindigkeit ist denkbar gering. Wenn ein Weltklasseathlet 100 m läuft, braucht er mit Dopingmitteln ungefähr 9,7 sec. Wenn ich 100 m laufe, brauche ich – sagen wir – 30 sec. Der Weltklasseathlet ist also nicht etwa 10-mal oder gar 100-mal, sondern nur dreimal (in Zahlen: 3 x) schneller. Dafür muss er aber das ganze Jahr über von morgens bis abends hart trainieren und außerdem noch ein bisschen Speedstoff nehmen, während ich mir schöne Tage mache.

Es ist so absurd, dass man es kaum glauben mag. Aber einige amerikanische Erfolgstrainer empfehlen sogar, schneller zu gehen, weil angeblich alle erfolgreichen Menschen in Eile seien. Man stelle sich den Buddha vor, wie er durch die Gegend hastet!

Sie brauchen also nicht zu befürchten, Ihren Erfolg aufs Spiel zu setzen, wenn Sie sich in normalem Tempo bewegen. Einige erfolgreiche Menschen gehen und reden sogar betont langsam, um zu zeigen, dass sie es nicht nötig haben, sich zu beeilen.

Mit dem Tempo unserer Bewegungen verändert sich unser Zeitempfinden. Die Zeit scheint sich zu dehnen, wenn wir langsam machen. Bei großer Hetze haben wir dagegen den Eindruck, dass die Uhren schneller laufen. Falls Sie also meinen, die Zeit rase, könnte es sein, dass in Wirklichkeit Sie rasen.

Probieren Sie es. Machen Sie langsam. Machen Sie Pausen. Dann kommt die Zeit zu Ihnen zurück. (Vorausgesetzt, Sie überwinden auch die Gier. Sonst spüren Sie in den Pausen und bei langsamer Geschwindigkeit nur die Ungeduld in sich.)

## Der innere Weg zur Zeit

Lassen Sie es mich noch einmal wiederholen: Wenn Sie die Gier nicht überwinden, werden Sie weiter unter Stress und Zeitmangel leiden. Ihr Terminkalender und Ihre Aufgabenlisten spiegeln nur Ihre innere Einstellung wider. Solange Sie glauben, dass Sie unbedingt immer mehr haben, machen und erleben müssen, wird es Ihnen zwangsläufig an Zeit fehlen, und Sie werden immer wieder in Eile sein. Das drängende Gefühl in Ihrer Brust wird Ihnen keine Ruhe lassen. Ihre Gedanken werden um einen einzigen Punkt kreisen: »Ich muss unbedingt …« Aufgrund dieser inneren Haltung werden Sie dazu neigen, zu lange To-do-Listen anzulegen, zu viele Prioritäten zu setzen und Ihren Terminkalender zu überfüllen.

Kein Terminkalender und kein anderes äußeres Mittel kann Ihnen helfen, wenn Sie nicht die Hauptursache des Leidens verringern oder ganz aufgeben.

Die Befreiung von Hektik und Zeitnot ist ein innerer Weg. Dadurch dass Sie Gier durch Gelassenheit und Zufriedenheit ersetzen, wird es möglich, dass Sie innerlich frei werden. Erst diese innere Freiheit führt zu freier Zeit und zu einem Leben ohne Stress.

Gäbe es einen äußeren Weg, hätten wir unsere Zeitziele im 20. Jahrhundert erreicht. Waschmaschinen, Geschirrspüler, Autos, Industrieroboter und Computer sind prinzipiell geeignet, uns von zeitaufwendiger, schwerer Arbeit zu befreien und uns ein angenehmes Leben zu ermöglichen. Mit diesen arbeits- und zeitsparenden Maschinen müssten wir längst imstande sein, uns zurückzulehnen und unser Leben zu genießen. Eine 20-Stunden-Woche für alle, viel freie Zeit, wenig Stress.

Aber das Gegenteil ist der Fall. Die Gier treibt uns immer weiter. Wir benutzen die hoch entwickelte Technik, um noch gigantischere Projekte zu planen. Noch höhere Wolkenkratzer, größere Einkaufszentren, für 20 Euro mit dem Flugzeug um die Welt – mit weniger geben wir uns nicht zufrieden. Zufriedenheit ist unter diesen Umständen jedoch illusorisch. – Was tun?

Ein äußerer Weg zu Zeit und Muße existiert nicht. Alle Möglichkeiten liegen allein in uns. Wir können zwischen viel Zeit und wenig Zeit, viel Stress und wenig Stress entscheiden. Nur wir allein können es entscheiden.

# 4. Die Schritte

# Immer mit der Ruhe

Es wäre paradox, wenn Sie jetzt hektisch beginnen würden, Hektik und Zeitnot aus Ihrem Leben zu verbannen. Es wäre dasselbe Muster wie bisher, nur mit anderem Inhalt. Beginnen Sie gleich richtig und lassen Sie sich Zeit, die Erkenntnisse, die Sie beim Lesen dieses Buchs gewonnen haben, in die Praxis umzusetzen.

Das Leben ist kein Sprint – auch wenn manche so tun –, es ist mehr ein Marathonlauf. Ob es einem gelingt, ein gutes Leben zu führen, entscheidet sich nicht auf ein paar Metern bzw. in ein paar Monaten. Es nützt nichts, einen guten Start zu erwischen, aber in der Mitte durchzuhängen oder am Schluss keine Kraft mehr zu haben.

Überzeugungen und Verhaltensmuster zu ändern, braucht Zeit. Ich weiß nicht, wie alt Sie sind, aber selbst wenn Sie 80 Jahre alt wären, würde ich Ihnen raten, sich 2 bis 3 Jahre Zeit zu geben, bis Sie mit viel weniger Hektik und Zeitnot leben als heute. Das wären etwa 700 bis 1000 Tage, also auch 700 bis 1000 Versuche, um dem Ziel näherzukommen. Wenn Sie es 200- oder 300-mal vermasseln – na und? Die Bilanz sähe am Ende immer noch positiv aus.

Denken Sie bei Veränderungsprozessen in längeren Zeiträumen. Zwar zählt jeder einzelne Tag, aber mehr noch kommt es darauf an, ob die Richtung stimmt. Deshalb noch einmal die Fragen: Woran werden Sie erkennen, dass Sie Fortschritte machen? Woran werden

Sie es als Erstes merken? Was sind für Sie die Zeichen Ihres Erfolgs?

Solche Wegmarken dienen als Nahziele, mit denen Sie sich immer wieder neu motivieren können. Sobald Sie eines erreichen, haben Sie ein Erfolgserlebnis. Ihre Zuversicht wird wachsen, dass auch Ihre weiteren Zwischenziele erreichbar sind.

Zeit ist nicht der einzige Faktor des Erfolgs, aber einer der wichtigsten. Der Arzt und Psychotherapeut Milton Erickson hat einmal gesagt, dass er bei keinem seiner Patienten gescheitert sei. Es gebe lediglich einige, mit deren Behandlung er noch nicht fertig sei.

Sich so viel Zeit zu geben, wie man braucht, ist eine gesunde Einstellung, besonders wenn man vorhat, einen anderen Umgang mit Hektik und Zeit zu lernen.


## Die Komfortzone ist ein wunderbarer Ort

Wie setzen Sie Ihre Pläne am besten um? Indem Sie jeden Tag ganz kleine Schritte in Richtung auf Ihr Ziel machen. Das mag nicht spektakulär aussehen, aber kleine Veränderungen führen eher zum Ziel als große Anstrengungen. Sie sind sowohl effektiver als auch gesünder und fühlen sich besser an.

Leider stehen kleine Schritte in einem schlechten Ruf. Nicht wenige Erfolgstrainer behaupten, die alten Gewohnheiten würden eine Komfortzone bilden, aus der man so schnell wie möglich und mit aller Kraft herausmüsse. Neue Verhaltensweisen seien unbehaglich. Aber wer sich verändern wolle, müsse Risiken eingehen und ins kalte Wasser springen. Diese Sorte Erfolgstrainer hat es auf den inneren Schweinehund abgesehen. Sie verteufeln ihn und wollen ihn austreiben.

In Wirklichkeit beruht diese Überzeugung auf einem Missverständnis. Der innere Schweinehund – nennen wir ihn Homöostasis – ist unser Freund. Normalerweise befindet er sich in einem gemütlichen Halbschlaf. Seine Aufgabe ist es, dafür zu sorgen, dass wir so bleiben, wie wir sind. Er findet, dass unsere Gewohnheiten uns bisher gut durchs Leben gebracht haben. Also soll alles so bleiben, wie es ist. Homöostasis ist besorgt, dass wir einen Fehler machen, wenn wir unsere alten Gewohnheiten aufgeben. Deshalb legt er sich auf die Lauer und passt auf, dass unser Verhalten in einem gewissen Rahmen bleibt. Sobald wir uns allzu sehr verändern, wird Homöostasis hellwach und erfüllt seine Aufgabe wie jeder gute Schweinehund. Er bekämpft die großen Verhaltensänderungen. Er leistet ihnen mit allen seinen Kräften und Listen Widerstand. Und er ist wirklich gut bei seinem Job. Das merken wir daran, dass wir nach ein paar heldenhaften Anstrengungen – das können zwei Monate Diät oder vier Wochen Jogging in Kälte und Regen sein – endlich wieder zu unserer »normalen« Ernährung und unserem »normalen« bewegungsarmen Alltag zurückkehren. Homöostasis ist zufrieden und fällt wieder in seinen seligen Halbschlaf.

Wollen wir uns erfolgreich verändern, müssen wir uns mit Homöostasis arrangieren. Wenn wir nur kleine Schritte machen, unser Verhalten also jeden Tag nur ein bisschen ändern, hat Homöostasis den Eindruck, alles sei in Ordnung. Er glaubt dann nicht, dass wir bedroht seien, und schläft gemütlich weiter. Kleine Veränderungen hält er zu Recht für harmlos.

Falls Sie mein »Erfolgsbuch für Faule« kennen, wissen Sie, dass ich kein Freund der dynamischen Erfolgstrainer bin. Sie verhindern meiner Meinung nach langfristige Veränderungen und sorgen dafür, dass Veränderungen als unangenehm oder sogar schmerzhaft empfunden werden.

Manchmal zwingt uns das Leben zu plötzlichen großen Veränderungen. Das ist schon schlimm genug. Deshalb ist es nicht einzusehen, weshalb man sich selbst auch noch so rücksichtslos behandeln sollte. Das ist nicht nötig. Im Gegenteil: Gerade unter Erfolgsgesichtspunkten bewähren sich kleine, unauffällige Veränderungen im Denken und Handeln am besten.

Daher können Sie sich vorstellen, wie erfreut ich war, als ich in dem Buch »The 15 second principle: Short, simple steps to achieving long-term goals« von Al Secunda die Geschichte von Homöostasis fand, die ich hier (leicht abgewandelt) wiedergegeben habe.

Lassen Sie sich von Menschen, die gerne schwitzen und bluten, nicht einreden, dass Veränderungen schmerzhaft sein müssen. Halten Sie sich an kleine praktikable Veränderungen in Ihrem Denken und Verhalten. Diese Mini-Schritte summieren sich im Laufe der Zeit zu bedeutsamen, dauerhaften neuen Gewohnheiten. Sie werden spielend die anderen überholen, die zwar rasant starten, aber bald mit großen Widerständen (Homöostasis!) zu kämpfen haben und sich schneller wieder am Ausgangspunkt befinden, als ihnen lieb ist.

Hier noch zwei kleine Experimente, mit denen Sie direkt erfahren können, dass Veränderungen zwar spürbar sind, aber nicht schmerzhaft sein müssen. Falten Sie Ihre Hände. Schauen Sie, welcher Daumen oben und welcher unten ist. Nun verschränken Sie Ihre Hände erneut, aber so, dass der Daumen, der unten war, nach oben kommt. Diese andere Art, die Hände zu falten, fühlt sich für die meisten Menschen ungewohnt an. Würden Sie Ihre Hände im Laufe der nächsten Wochen jedoch öfter auf die neue Art falten, würde sich das Neu-Gefühl bald verlieren.

Nun verschränken Sie Ihre Arme vor der Brust. Der eine Arm liegt über dem anderen. Verschränken Sie Ihre Arme noch einmal, aber diesmal so, dass der Arm, der unten lag, nach oben kommt. Das ist am Anfang vielleicht ein bisschen verwirrend. Schauen Sie sich genau an, wie Sie Ihre Arme normalerweise vor der Brust verschränken, und dann kehren Sie es um. Auch das fühlt sich für die meisten am Anfang ein bisschen komisch, eben ungewohnt an, aber es ist nichts Weltbewegendes. Mit mehr Übung würde Ihnen das eigenartige, neue Gefühl bald genauso vertraut werden wie das alte.

An kleine Veränderungen gewöhnt man sich schnell, an große möglicherweise nie. Deshalb empfehle ich Ihnen, bei der Umsetzung Ihrer Zeitziele schrittweise vorzugehen. Achten Sie darauf, dass Sie sich mit den Änderungen wohlfühlen. Gehen Sie ruhig an die Grenzen Ihrer Komfortzone, aber nie darüber hinaus.

## Das Gleichnis des Buddha vom brennenden Haus

Bertolt Brecht hat eine sehr schöne Erzählung geschrieben, die verdeutlicht, dass viele Menschen nicht einmal dann zu großen Veränderungen bereit sind, wenn ihr »Haus« brennt. Das »Gleichnis des Buddha vom brennenden Haus« handelt davon, dass der Buddha an einem Gebäude vorbeikommt, das in Flammen steht. Er sieht noch Bewohner in dem Haus und fordert sie auf, es zu verlassen. Aber die Leute hören nicht auf ihn. Einer, dem die Hitze schon die Augenbraue versengt, fragt ihn in aller Ruhe, wie es draußen denn sei, ob es auch nicht regne, und vieles mehr, sodass der Buddha schließlich, ohne zu antworten, weiterzieht.

Wie die meisten guten Geschichten hat auch diese viele Aspekte. Uns interessiert hier aber nur, dass Menschen zu großen, schnellen Veränderungen in ihrem Denken, Fühlen und Handeln nicht bereit sind, und zwar nicht einmal dann, wenn sie allen Grund dazu hätten.

Auch Sie stoßen vermutlich bald auf innere und äußere Widerstände bei Ihren Versuchen, sich von dem allzu bekannten Stress und dem immer wiederkehrenden Zeitmangel zu verabschieden, selbst wenn Sie deutlich merken, dass Sie darunter leiden. Möglicherweise haben Sie die Widerstände sogar schon kennengelernt, weil Sie bisher vergeblich versucht haben, etwas gegen Ihren Zeitstress zu unternehmen.

Homöostasis macht keinen Unterschied zwischen guten und schlechten Gewohnheiten. Für ihn sind alle Gewohnheiten gleich. Deshalb sperrt er sich auch gegen eine Veränderung von Gewohnheiten, unter denen Sie leiden.

Ein Grund mehr, kleine Schritte zu machen.

# 5. Die Lösungen

Bevor man ans Ziel kommt, gibt es im Allgemeinen Probleme, die man erst einmal überwinden muss. Das ist normal. Wir mögen Probleme nicht, aber die beste Reaktion darauf ist, sie zu akzeptieren und Lösungen zu finden.

Was kann Zeit und Muße vereiteln? Nachdem das größte innere Hindernis (die Gier) bereits ausführlich behandelt wurde, kommen wir nun zu zwei weiteren inneren Hindernissen (Perfektionismus und Angst vor Leere, vor unausgefüllter Zeit) sowie zu den wichtigsten äußeren Hindernissen: das sind die anderen, die Umgebung.

## Ihr Recht auf Zeit

Wussten Sie, dass Freizeit ein Menschenrecht ist? Die Vereinten Nationen haben am 10. Dezember 1948 die Allgemeine Erklärung der Menschenrechte verkündet. In Artikel 24 heißt es: »Jeder Mensch hat Anspruch auf Erholung und Freizeit sowie auf eine vernünftige Begrenzung der Arbeitszeit und auf periodischen, bezahlten Urlaub.«

Dass man sich selbst keine Erholung und Freizeit gönnt, muss man mit sich abmachen. Aber wenn andere einem das Recht auf unverplante, freie Zeit bestreiten, sollte man seine Rechte verteidigen.

Workaholics, HektikerInnen und andere ZeiträuberInnen haben die unangenehme Angewohnheit, andere mit ihrer negativen Einstellung gegenüber Freizeit und

Muße anzustecken. Sie versuchen, ihre Gier, ihr ständiges Muss-Denken auf andere zu übertragen.

Das erste Gegenmittel besteht darin, sich innerlich von ihnen abzugrenzen. Machen Sie sich klar, dass Sie es mit Personen zu tun haben, die ihre innere Balance verloren haben, und dass meistens kein Grund zur Eile und oft nicht einmal zum Handeln besteht.

Behalten Sie im Kopf, dass Sie ein Recht auf Freizeit und Muße haben. Entspannen Sie sich, atmen Sie durch; denn sogar die Atemlosigkeit der HektikerInnen kann sich auf Sie übertragen.

Die Verteidigung der freien Zeit ist ein ideales Thema für Selbstbehauptung. Leisten Sie Widerstand gegen jeden, der Ihnen Ihre Rechte streitig machen will.

Wie viele Möglichkeiten kennen Sie, um Konflikte mit anderen auszutragen? Die meisten kennen nur zwei: flüchten oder kämpfen. Beide Möglichkeiten können angemessene Reaktionen auf das Verhalten anderer darstellen, aber man sollte immer auch eine dritte Alternative in Erwägung ziehen: selbstsicheres Auftreten.

Kämpfen heißt aggressiv werden. Am Ende gewinnt einer und der andere verliert. In der Wahl der Mittel ist man dabei nicht immer wählerisch. Man beschimpft den anderen, macht ihn lächerlich, will ihn erniedrigen. Die Körperhaltung ist bedrohlich, die Stimme laut.

Flüchten bedeutet Ausweichen. Man geht dem anderen aus dem Weg, behält seine gegenteilige Meinung für sich. Nach außen hin tut man so, als ob alles in Ordnung sei. Innerlich aber kocht man.

Bei selbstsicherem Verhalten vertritt man den eigenen Standpunkt weder aggressiv noch unterwürfig. Man widerspricht der Meinung des anderen, respektiert ihn aber als Person. Man versucht, ihn mit Argumenten zu überzeugen, und verzichtet darauf, ihn zu bedrohen. Die innere und äußere Einstellung ist Gelassenheit. Jeder kann denken, sagen und tun, was er bzw. sie will. Dasselbe Recht nimmt man für sich in Anspruch. Man trägt eine Meinungsverschiedenheit aus. Falls es keinem gelingt, den anderen zu überzeugen, bleibt jeder bei seiner eigenen Meinung und handelt danach. Es ist ein Gespräch auf Augenhöhe.

Leider gibt es tagtäglich Leute, die versuchen, ihre Mitmenschen zu manipulieren. Ihre Hauptwaffen sind Angst und Schuldgefühle. Sie drohen den anderen mit negativen Folgen und versuchen, ihnen ein schlechtes Gewissen zu machen. Sie sollen glauben, dass nur Arbeit und Anstrengung gut, Freizeit und Muße aber sehr schlecht sind.

Um sich gegen die Manipulateure behaupten zu können, ist es wichtig, sich selbst immer wieder daran zu erinnern, dass man

• ein Recht auf freie Zeit und Erholung hat und
• keine Gründe zur Rechtfertigung oder Entschuldigung seines Standpunkts vorbringen muss.

In unserer Gesellschaft lernt man leider zu oft, sich zu unterwerfen oder aggressiv zu verhalten. Es fehlt an

Vorbildern für selbstsicheres Verhalten. Trotzdem kann man mithilfe von Büchern und Selbstsicherheitskursen zielstrebig trainieren, Wünsche und Kritik selbstbewusst zu äußern und die Wünsche und Kritik von anderen ebenso selbstbewusst entgegenzunehmen.

### Die Ja-Sager und die Nein-Sager

Eines der wirksamsten Mittel des selbstsicheren Verhaltens ist das beharrliche Nein-Sagen. Wer unsicher ist, sagt zu allem und jedem ja. Auch dann, wenn er oder sie lieber nein sagen möchte.

Bejahen Sie nur Ihre Prioritäten und sagen Sie zu allem Übrigen klar und unmissverständlich nein. Je selbstsicherer Sie unangemessene Wünsche anderer, Ihre Zeit betreffend, ablehnen, desto eher werden diese Sie zufrieden lassen. Mit Ihrer Entschlossenheit signalisieren Sie allen HektikerInnen und Workaholics, dass sie mit Ihnen kein leichtes Spiel haben werden. Unter diesen Umständen suchen diese Leute sich lieber ein anderes Opfer.

Im Prinzip brauchen Sie immer nur ganz stur zu wiederholen: »Ich verstehe Sie, aber ich möchte lieber … (freie Zeit haben und mich erholen).« Die anderen werden dann Rechtfertigungen und Entschuldigungen von Ihnen verlangen: »Aber wieso …? – Sie können doch nicht …« Darauf antworten Sie wieder: »Ich verstehe Sie, aber ich möchte lieber … (freie Zeit haben und mich erholen).«

Niemand kann es allen recht machen. Das wissen die anderen auch. Nur wollen sie es nicht akzeptieren. Deshalb bitten und betteln, drohen und drängen sie. Sie testen Ihre Entschlossenheit unter Umständen bis aufs Äußerste. Geben Sie nicht nach.

Die Manipulateure treten aber nicht nur drohend und Schuld einflößend auf. Manchmal versuchen sie auch, Sie zu verführen. Sagen Sie auch dazu nein. Verlockungen sprechen die Gier in Ihnen an. Sie wecken Ihre Lust, mehr haben zu wollen: Warum auf etwas Angenehmes verzichten? Falls Sie in verführerischen Situationen Ihre Zielsetzung nicht kennen, sind Sie geliefert. Ihre Zielsetzung ist das, was Sie am glücklichsten und zufriedensten macht. Dafür sollten Sie auf zweitrangige Angebote leichten Herzens verzichten.

Treffen Sie im Moment der Verlockung eine klare Wahl: Wollen Sie weiter unter Hetze und Zeitmangel leiden, weil es unmöglich ist, alles zu haben, oder möchten Sie Zeit haben, um das zu tun, was Ihren innersten Wünschen entspricht?

Manchmal müssen Sie Ihre Zielsetzung auch sich selbst gegenüber verteidigen. Es sind nicht nur die anderen, die Sie von Ihren wichtigsten Wünschen abhalten. Jeder Mensch hat auch einen Antreiber, einen Verführer, einen Zeitdieb in sich. Sagen Sie zu diesen ebenso entschlossen nein.

Die folgenden Fragen können Ihnen helfen, sich täglich Ihre Zielsetzung zu vergegenwärtigen. Am besten stellen Sie sie sich morgens, wenn Sie noch im Bett liegen:

- Was ist mein wichtigstes Ziel? Was macht mich am glücklichsten?
- Was tue ich heute dafür?
- Mit wie vielen Aufgaben fühle ich mich wohl?
- Wann erhole ich mich heute?
- Wer oder was könnte mich davon abhalten, mir Pausen zu gönnen?
- Wie schaffe ich es trotzdem, heute ohne Hektik und Zeitnot zu leben?

## Eine passende Umgebung finden

Der Buddha hat seine Familie verlassen, um so leben zu können, wie er es sich wünschte. Erst in einer angenehmen Landschaft, unter einem Schatten spendenden Baum sitzend, konnte er die Dinge in Ruhe durchdenken und meditieren, sodass er schließlich sein höchstes Ziel, die vollkommene Befreiung vom Leiden, erreichte.

Sich selbst täglich behaupten zu müssen, kostet viel Kraft. Der Buddha zog es vor – wie es heißt »still und streitlos, doch unerschütterbar« –, sich lieber die richtige Umgebung für seinen Lebensstil zu suchen. Sein Verhalten könnte man auch als Flucht deuten. Aber Flucht kann ebenso wie Kampf und Aggression eine Reaktion sein, die der Situation angemessen ist. Vermutlich hätte sich die Familie des Buddha nie mit seinen Plänen abgefunden, insbesondere sein Vater nicht, der seinem Sohn den Lebensweg vorschreiben wollte, indem er ihn als Nachfolger bestimmte.

Zwei Dinge sind erforderlich, damit man in einer Gruppe gut leben kann: Harmonie und Toleranz. Stimmen die Mitglieder einer Gruppe in ihren wesentlichen Überzeugungen und Verhaltensweisen überein, herrscht Harmonie. Das Zusammenleben ist angenehm. Gehen die Einstellungen und Verhaltensweisen dagegen weit auseinander, können die Gruppenmitglieder nur unter der Voraussetzung gut miteinander auskommen, dass sie tolerant sind und die anderen trotz der Unterschiede respektieren.

In was für einer Umgebung leben Sie? Stimmen Ihre Mitmenschen darin überein, dass ein Leben ohne Hektik und Zeitnot erstrebenswert ist? Tolerieren sie wenigstens Ihren Wunsch, stressfrei zu leben?

Wie denken die Mitglieder Ihrer Familie über den Umgang mit Zeit? Wie verhalten sie sich? Leiden sie selbst unter Zeitmangel, oder genießen sie viel freie Zeit? Können Sie in Ihrer Familie Unterstützung erwarten bei der Lösung Ihrer Zeitprobleme?

In einer guten Familie helfen sich die einzelnen Mitglieder dabei, ihre gemeinsamen Ziele zu erreichen. Außerdem unterstützen sie sich gegenseitig darin, ihre individuellen Wünsche zu verwirklichen, sodass jeder auf seine Art glücklich werden kann.

Leider geschieht in vielen Familien das Gegenteil. Die Familienangehörigen verspotten alle »Extravaganzen« und entmutigen jeden Versuch, eigene Wege zu gehen und dadurch glücklich zu werden.

Wie ist die Einstellung Ihres Arbeitsteams? Wie arbeiten Ihre KollegInnen und Ihr Chef/Ihre Chefin? Ist Stress und Zeitnot an der Tagesordnung, oder sind sich alle darüber einig, nur so viel zu machen, wie ohne Überlastung möglich ist? Toleriert man wenigstens Ihre Bedürfnisse nach Zeit und Muße auch am Arbeitsplatz?

Zeit und Muße am Arbeitsplatz, das kommt den meisten wahrscheinlich so unvereinbar vor wie Feuer und Wasser. Aber das ist nicht zwangsläufig so.

Falls Sie gegenüber Ihrem Vorgesetzten/Ihrer Vorgesetzten und Ihren KollegInnen mit Selbstbehauptung nicht weiterkommen, bleibt Ihnen wie dem Buddha letztlich nur der Ausweg, sich eine neue, passende Arbeitsumgebung zu suchen. Der Buddha hat sechs Jahre gebraucht, bis er sein Ziel erreicht hatte. Räumen Sie sich auch so viel Zeit ein, bis Sie einen Arbeitsplatz gefunden haben, der Ihnen erlaubt, Leistung mit Zeit und Muße zu verbinden.

Es ist längst bewiesen, dass entspannte, ja »faule« Menschen effektiver arbeiten und mehr zustande bringen als chronisch Überforderte. Aber der Mythos harter Arbeit lebt in unserer Gesellschaft fort. Nichts hält länger als Vorurteile, heißt es. Diese Aussage scheint sich hier voll zu bewahrheiten.

Glücklicherweise bietet jedes Land viele verschiedene Umgebungen, sodass jeder seine und jede ihre Nische finden kann. Die Suche danach ist nicht immer leicht, aber es lohnt sich.

## Hilfe, jetzt habe ich zu viel Zeit!

Die Furcht vor zu viel unausgefüllter Zeit, vor der großen Leere, mag manche davon abhalten, ihr hektisches, überfülltes Leben aufzugeben und gegen ein zufriedenstellendes, erfülltes Dasein einzutauschen. Ist diese Angst begründet? Haben wir das Bild von RentnerInnen vor Augen, die darunter leiden, nicht mehr gebraucht zu werden, und mit ihrer Zeit nichts anzufangen wissen? Abgesehen davon, dass dieses Bild einseitig ist und nur auf einen Teil der alten Menschen zutrifft, enthält es bereits die Antwort auf die Frage, ob man befürchten muss, eines Tages zu viel Zeit zu haben. Es kommt darauf an, ob man mit der freien Zeit etwas anzufangen weiß.

Auch Menschen mit einem hektischen, randvollen Leben können in ihrem Inneren Leere empfinden. Die allzu große Betriebsamkeit ist mitunter nur der Versuch, den fehlenden Sinn im Leben zu überdecken. Man will sich nicht eingestehen, dass man im Grunde nicht weiß, was man mit seinem Leben anfangen soll. Anstatt die Sinnfrage zu klären, stürzt man sich in blinden Aktionismus. Vor allem beruflich haben viele keine eigenen Ziele. Diese mangelnde Ziel- und Sinnorientierung wird gesellschaftlich sogar noch unterstützt, indem es als klug hingestellt wird, das zu tun, was am meisten Geld bringt. Materielle Gier ist auch hier wieder einmal das Maß aller Dinge.

Jeder Mensch steht ab und zu vor der Frage, wo die Lebensreise hingehen soll. Auslöser dieser Frage kann der Schulabschluss, das Ende des Studiums oder der Berufsausbildung sein. Auch wenn der Arbeitsvertrag gekündigt wird, die Kinder erwachsen sind und aus dem Elternhaus ausziehen, der Beruf aus Altersgründen aufgegeben wird oder bei der Trennung von langjährigen LebenspartnerInnen, stellt sich die Frage nach den Zielen im Leben.

Es ist leichter, nach Lebenszielen zu suchen als nach dem Sinn des Lebens. Der Begriff »Lebenssinn« ist so bedeutungsschwer, dass man sich schnell dabei verheben kann. Dagegen ist die Frage nach den Zielen im Leben einfacher zu beantworten. Während der Lebenssinn ewig und unabänderlich zu sein scheint, kann man Ziele ausprobieren, ändern und austauschen.

Haben Eltern das Ziel erreicht, ihre Kinder zur Selbstständigkeit zu erziehen, brauchen sie ein neues Ziel, weil die Kinder ihre Zeit nicht mehr ausfüllen. Auch nach der Trennung vom Lebenspartner/von der Lebenspartnerin oder nach Beendigung der Berufstätigkeit brauchen Menschen neue Ziele.

Das Problem ist nicht, zu viel Zeit zu haben, sondern ohne Ziele zu sein. Aber dieses Problem ist lösbar. Manche erfinden sich alle paar Jahre neu. Sie ziehen um, lernen einen anderen Beruf, entwickeln neue Interessen, erweitern ihren Freundeskreis und vieles mehr. Dasselbe empfehle ich Ihnen, falls Sie befürchten, dass Ihnen die Decke auf den Kopf fallen könnte. Nutzen Sie die freie Zeit. Nehmen Sie sich ein Blatt Papier und schreiben Sie eine Liste mit reizvollen beruflichen und privaten Zielen. Sobald Sie damit fertig sind, fangen Sie an. Aber passen Sie auf, dass Sie sich dabei nicht wieder überlasten!

## Kein Perfektionismus

Perfektionismus gehört zu den verführerischen Zeitdieben. Es ist schon sehr verlockend, nach Vollkommenheit zu streben. Aber es bringt nichts. Der Aufwand steht in keinem Verhältnis zum Ergebnis. Auch wenn man sich noch so sehr anstrengt, das Resultat lässt immer etwas zu wünschen übrig. Und das ist durchaus wörtlich zu verstehen. Man kann sich Dinge, Menschen, Erlebnisse als perfekt *vorstellen*. Die Wirklichkeit kann aber mit diesen Fantasien nicht mithalten. Irgendein Detail weicht immer von der vorgestellten Vollkommenheit ab.

Ein gutes Ergebnis ist oft relativ schnell zu erreichen. Gibt man sich damit zufrieden, handelt man effektiv, weil man sich nun der nächsten Sache zuwenden kann. Beißt man sich aber daran fest, ein noch besseres Resultat erzielen zu wollen, verschlingt die Aufgabe mehr und mehr Zeit und – das ist das Paradoxe – das Ergebnis verliert an Qualität. Die vermeintliche Verbesserung erweist sich am Ende als Illusion.

Auf der Gefühlsebene ist die Bilanz ebenfalls negativ. Man ist frustriert, dass man es trotz aller Bemühungen nicht geschafft hat, Perfektion zu erreichen. Man fühlt sich als VersagerIn und muss zu allem Unglück auch noch feststellen, dass ein Berg anderer Aufgaben unerledigt liegen geblieben ist, weil man die gesamte Zeit darauf verwendet hat, eine einzige Sache perfekt machen zu wollen. So fühlt man sich erst recht als VersagerIn.

Darum ist es besser, von vornherein zu akzeptieren, dass es Perfektion in der realen Welt nicht gibt. Auch wenn sehr viele diese Illusion pflegen – nichts und niemand ist vollkommen. Zwar mag einem das eine oder andere perfekt vorkommen. Doch handelt es sich dabei nur um Momente. Auch scheinbare Vollkommenheit ist vergänglich.

Hinter dem Streben nach 100%igen Ergebnissen steckt die unbedingte Forderung: »Diese Sache MUSS perfekt werden!« Warum? »Weil ICH es will!« – Grandiose Haltung, aber leider vergeblich. Gier macht niemanden glücklich, auch die Gier nach Vollkommenheit nicht.

Falls Sie frei von Hektik und Zeitmangel leben wollen, denken Sie daran, diesen Vorsatz ohne das Verlangen nach Perfektionismus zu verwirklichen. Man kann relativ stressfrei und mit viel freier Zeit leben. Aber absolute Freiheit von Hektik und Zeitnot ist eine Illusion.

Es genügt, die meiste Zeit entspannt im Hier und Jetzt zu leben. Ein bisschen Hektik und Zeitmangel hat noch keinem geschadet. Im Gegenteil: Etwas Aufregung ist sogar belebend. Die Betonung liegt aber auf dem Wort »etwas«; denn viele verwechseln anregend mit aufreibend und muten sich mehr zu, als ihnen guttut.

Hören Sie auf Ihr Inneres. Meiden Sie die Extreme, und gehen Sie wie der Buddha den Mittleren Weg.

Alles
hat einmal
ein Ende,
oder etwa
nicht?

Ist dies für Sie das Ende von Hektik und Zeitnot? Ich weiß es nicht. Es hängt davon ab, ob Sie genügend gute Gründe finden, sich die entsprechenden Ziele setzen, Ihre Einstellung, wo nötig, ändern und Schritt für Schritt alles, was Sie überlastet, auf ein gesundes Maß zurückführen und das, was Sie glücklich und zufrieden macht, in den Vordergrund Ihres Lebens stellen.

Jedenfalls ist es das Ende dieses Buchs. Aber was heißt Ende? BuddhistInnen glauben eher an eine nicht endende Kette des Entstehens und Vergehens, und so könnte es sein, dass Sie nach einiger Zeit noch einmal anfangen, dieses Buch zu lesen.

Ich hoffe, dass Sie beim Lesen so viel lernen, wie ich beim Schreiben. Bei jedem meiner Bücher habe ich die Erfahrung gemacht, dass ich nicht einfach das aufgeschrieben habe, was ich vorher schon wusste, sondern bei der Auseinandersetzung mit den Themen noch mehr verstanden habe. Aber nicht nur das. Ich habe dabei auch meine Einstellung und mein Verhalten neu überdacht und, soweit es mir wichtig erschien, geändert. Beim Schreiben kommt es vor, dass ich zunächst einmal mit der negativen Seite des jeweiligen Themas konfrontiert bin. Besonders krass war dies bei meinem Buch »Gelassenheit beginnt im Kopf«. Während ich schrieb, bemerkte ich meine eigene Ungeduld stärker. Außerdem schien die halbe Welt sich gegen mich verschworen zu haben, weil ich auf mehr Geduldsproben gestellt wurde als sonst. Ich führe dies darauf zurück, dass die Sensibilität bei der Beschäftigung mit dem

Thema zunimmt. So fielen mir Gelassenheit und Ungeduld bei mir und bei anderen schneller auf.

Im Laufe des Schreibprozesses – nicht am Anfang! – habe ich die Geduldsproben dann mehr und mehr begrüßt, weil sie mir die Gelegenheit gaben, mein eigenes Konzept noch einmal auf seine Tauglichkeit zu testen. Mit dem Ergebnis war ich zufrieden.

So war es auch diesmal. Das Thema »Hektik und Zeitmangel« war eine Gelegenheit, die auch bei mir von Zeit zu Zeit aufwallende Gier nach Mehr, nach dem vielfältigen Schneller, Besser, Größer infrage zu stellen und dadurch Zeit und Muße zu gewinnen.

Deshalb hoffe ich, dass auch bei Ihnen nach einer möglichen »Erstverschlimmerung« – da Sie Ihre Hektik und Zeitnot stärker bemerken – bald eine deutliche Verbesserung eintritt, sodass Sie freie Zeit genießen und weniger Hektik im alltäglichen Leben verspüren.

Ich wünsche Ihnen Glück, Zufriedenheit – und Zeit.

# Literaturverzeichnis

Davich, Victor: *Die 8 Minuten-Meditation. Programm für Stressreduktion, Konzentrations- und Lernfähigkeit.* München 2005

Greenberger, Dennis / Padesky, Christine: *Mind Over Mood. Change how you feel by changing the way you think.* New York 1995

Hohensee, Thomas: *Das Erfolgsbuch für Faule. Entdecken Sie, was Sie wirklich wollen und wie Sie es ohne Stress erreichen.* München, 2. Aufl. 2003

Hohensee, Thomas: *Glücklich wie ein Buddha. Sechs Strategien, alle Lebenslagen zu meistern.* Stuttgart, 2. Aufl. 2003

Hohensee, Thomas: *Gelassenheit beginnt im Kopf. So entwickeln Sie einen entspannten Lebensstil.* Stuttgart 2004

Kantowsky, Detlef / Saß, Ekkehard (Hrsg.): *Gotama Buddha. Mein Weg zum Erwachen. Eine Autobiographie.* Zürich 1996

Kingston, Karen: *Feng Shui gegen das Gerümpel des Alltags.* Reinbek bei Hamburg, Neuausgabe 2003

Lakein, Alan: *How to get control of your time and your life.* New York 1973

McMeekin, Gail: *Kleine Schritte, großes Glück. Entscheiden Sie sich für ein selbstbestimmtes Leben.* Landsberg – München 2003

Nyanaponika: *Geistestraining durch Achtsamkeit.* Herrnschrot, 8. Aufl. 2000

Reichle, Verena: *Die Grundgedanken des Buddhismus.* München 1994

Secunda, Al: *The 15 second principle. Short, simple steps to achieving long-term goals.* New York 1999

Smith, Manuel J.: *Sage nein ohne Skrupel. Die neue Methode zur Steigerung von Selbstsicherheit und Selbstbehauptung.* Landsberg am Lech, 5. Aufl. 1995

Wolf, Doris: *Abnehmen und dabei genießen. Mit dem neuen Natural Weight Program ohne Diäten, Kalorienzählen, Hungern und Verzicht zum Wohlfühlgewicht.* Mannheim 2005

Wolf, Doris / Merkle, Rolf: *Gefühle verstehen, Probleme bewältigen.* Mannheim, 16. Aufl. 2000

# Über den Autor

Thomas Hohensee, geboren 1955, arbeitete als Jurist und Schuldnerberater, bevor er eine Ausbildung am Deutschen Institut für Rational-Emotive und Kognitive Verhaltenstherapie absolvierte. Er ist Autor mehrerer erfolgreicher Bücher sowie Coach für Persönlichkeitsentwicklung. Thomas Hohensee lebt in Hamburg.

Informationen über weitere Bücher von Thomas Hohensee und sein Coaching-Angebot finden Sie auf seiner Website

www.thomashohensee.de